Carl August Becker

Tagebuch

28.03.1812 – 21.09.1812

Beiträge zur sächsischen Militärgeschichte
zwischen 1793 und 1815

Heft 58

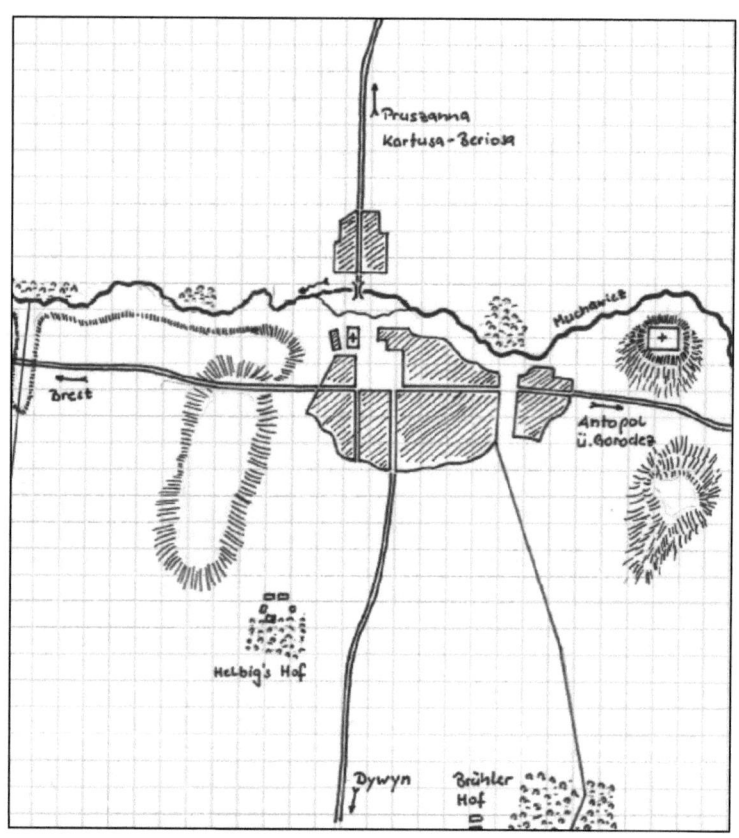

Abb. 01   Kobryn und Umgegend (Hrsg.)

Carl August Becker

Tagebuch
28.03.1812 – 21.09.1812

Bibliographische Information der Deutschen
Bibliothek

Die Deutsche Bibliothek verzeichnet diese
Publikation in der Deutschen Nationalbibliographie;
detaillierte bibliographische Daten sind im Internet
über http://dnb.ddb.de abrufbar.

Die Deutsche Bibliothek – CIP – Einheitsaufnahme

Jörg Titze (Hrsg.)

Carl August Becker: Tagebuch 29.03.1812 –
21.09.1812

ISBN 978-3-7494-8085-2

Herstellung und Verlag:
BoD- Books on Demand, Norderstedt

Vorwort

In diesem Heft wird das als Handschrift[1] in der Sächsischen Landes- und Universitäts-Bibliothek (SLUB) Dresden liegende Tagebuch von Carl August Becker wiedergegeben.

Becker[2] war 1812 Adjutant im 1ten Bataillon des Linien-Infanterie-Regiments König.

Das Regiment gehörte neben dem Infanterie-Regiment v.Niesemeuschel zur Infanterie-Brigade des Generalmajors von Klengel. Das aus den Grenadier-Kompanien der beiden Regimenter bestehende Grenadier-Bataillon, unter Kommando des Majors v.Brause, wurde Anfang Juli 1812 zur Garnison von Bialystok bestimmt und schied damit für den weiteren Kriegsverlauf aus dem Brigadeverband aus. Die Brigade v.Klengel wurde am 24.07. gegen Kobryn und Brzesc vorgeschickt, besetzte vom 25.07. – 27.07. Kobryn und musste sich dort am 27.07. nach mehrstündigem Kampf einer weit überlegenen russischen Macht kriegsgefangen ergeben.

Becker hat das Tagebuch vom 29.03.1812 an geführt, jedoch den Zeitraum 25. – 27.07.1812 – mit

---

[1] Ist in der Digitalen Sammlung der SLUB verfügbar.

[2] Carl August Becker, Premierleutnant/Patent vom 27.09.1810 (* 1782 in Naumburg; 1805 Fähndrich; 1807 Sousleutnant; 1815 Hauptmann; 1826 Major I.Bon/IIItes Linien Regiment, 1838 Oberstleutnant, Kommandant der Garnisons-Division und Unterkommandant der Festung Königstein; 07.10.1841 mit Oberst-Charakter pensioniert). Becker war Träger des Herzogl. Sachsen-Coburgschen Erinnerungs-Medaille.

einigen Überschneidungen zum Tagebuch - als ausführlichen Bericht[3] niedergeschrieben[4]. Den genannten Bericht hat er in einem Artikel für die Zeitschrift „Kriegsgeschichtliche und kriegswissenschaftliche Monografien der neueren Zeit" verarbeitet[5].

Aufgrund der Adjutanten-Tätigkeit enthält das Tagebuch Beckers auch Details zu Beförderungen, Bestrafungen, Soldzahlungen, Versetzungen und sonstigen Vorfällen.

Der Text selbst ist so originalgetreu wie möglich, der heutigen Rechtschreibung angepasst, wiedergegeben.

Natürlich möchte ich mich auch bei Ihnen, verehrter Leser, dafür bedanken, dass Sie sich zum Kauf dieses Buches entschlossen haben. Insofern Sie Anregungen und Kritiken haben, über den Inhalt diskutieren oder mir einfach nur mitteilen wollen, ob Ihnen das Buch gefallen hat, so können Sie mich via email unter sachsen-titze@t-online.de erreichen.

Ihr

Jörg Titze

---

[3] Im Text gekennzeichnet mit (BERICHT ANFANG) und (BERICHT ENDE).

[4] Quelle: Bericht und Tagebuch des Hauptmanns (Carl August) Becker ...1812 / SLUB Digitale Sammlung / Sig. Mscr.Dresd.2134a

[5] 1. Band Leipzig und Altenburg 1817; „Bericht über die kgl. Sächs. Infanterie Brigade von Klengel und drei Escadrons des Ulanen Regiments Prinz Clemens unter den Befehlen des Obersten von Zezschwitz in dem Feldzuge 1812 gegen Russland".

März 1812

Den 28ten das Kantonnement bei Guben verlassen. Rendezvous bei Kulm. Stab und 1tes Bataillon nach Bobersberg, 5te Komp. nach Perloge und Tago, 6te Komp. nebst Artillerie Jehnsdorf und Pneiga, 8te Komp. Crume und Tago. Weite des Marsches 7 Stunden. Sommerfeld passiert.

Den 29ten Rasttag

Den 30ten Rendezvous an der Bobermühle an der Boberbrücke, zwischen Bobersberg und Crossen. Das ganze Regiment in Crossen. Weite des Marsches 4 Stunden.

Den 31ten Der Stab in Crämershorn, 5te und 6te Komp. in Balzig, 7te und 8te in Rednitz. Weite des Marsches 4 Stunden. 1te Komp und Artillerie in Leutersdorf, 2te und 3te Komp. Deutsch Netko, 4te Komp. Steinbach.

April 1812

Den 1ten Rendezvous am ersten Vorwerk an der Straße nach Züllichau. Das ganze Regiment in Züllichau. Weite des Marsches 6 Stunden.

Den 2ten Der Stab nach Schwenden, 1te und 2te Komp. Alt- und Neu-Tepperbuden, 3te nach Ruden und Witze, 4te und 8te nach Schwenden, 5te in Neu Jaramier Holland, 6te in Altoberasche, 7te und Artillerie in Kreuz. Weite des Marsches 8 Stunden. Karge passiert.

Den 3ten Rasttag

Den 4ten Rendezvous vor Schlawa. Der Stab nach Schlawa nebst der 1ten Komp., 2te und 3te Komp. nach Purschkau, 4te nach Neu Struntz und Waldvorwerk, 5te und 6te nach Linden, 6te auch nach

Roedchen, 7te und Artillerie nach Salisch und Mertzdorf, 8te nach Alt Struntz. Weite des Marsches 4 Stunden.

Den 5ten Rendezvous jenseits Alt Strunz. Stab, 5te, 7te und 8te Komp. nach Fra...., 1te, 2te, 3te und Artillerie nach Sedlitz, 4te und 6te nach Ulbersdorf und Langenau.

Den 6ten Rendezvous bei Geiersdorf. Stab, 3te, 6te und Artillerie nach Deutsch-Wilkau, 4te und 5te nach Storchnest, 2te Jesurkowice, 5te Dobramista, 1te Gronowice, 7te Goniembice, 8te Wiezice.

Den 7ten Rasttag, aber wie folgt delogiert: Stan, 4te und 5te Komp. nach Storchnest, Dobramisle, Artillerie nach Jezurky, 1te und 2te nach Grünchen, 3te und 7te Gonice, 6te und 8te Wieziekowo

Den 8ten Rendezvous bei Storchnest. Stab nebst Artillerie nach Brabonoy, 2te nach Gostin, 1te und 3te nach Groß und Klein Strzelege, 4te und 5te nach Bozewo und Bodzewko, 6te nach Drzenczew und Podrzceze, 7te und 8te nach Sandberg.

Den 9ten Rendezvous bei Bogersellicze. Stab, Artillerie und 6te Komp. nach Przedzarkwo, 3te und 4te Koczmin, 2te nach Staniewo, 1te nach Budig und Trzemesne, 5te nach Kaniwo, 7te nach Lipowiece, Skalow und Crarnysad, 8te nach Greembowo.

Marsch von 8 Stunden.

Den 10ten Rendezvous bei Neudorff. Stab, Artillerie und 5te Komp. Karzy, 1te nach Tazanowa und Luwemirz, 2te nach Sawiner Holland, 3te nach Sawina und Sawiner Holland, 4te nach Bogawice und Catarva, 6te nach Kutzokowa, 7te nach Bowitschin und Zairnowo, 8te nach Bronowo.

Marsch von 10 Stunden.

Den 11ten Rendezvous bei Turzko. Stab nebst Artillerie Rychnowo, 1te Komp. nach Wigonsky, Zerniky und Laszkowo, 2te, 3te und 4te nach Lipe, Brudzewo und Koral, 5te nach Pomelowo, 6te nach Jankow und Gradisko, 7te nach Blizanow, 8te nach Justrzembniki und Kurra.

Marsch von 5 Stunden.

Den 12ten Rendezvous ...... Stab nebst Artillerie und 3ter Komp. nach Liskow, 2te nach Kotzlenko und Demsko, 4te nach Slonikow und Chadupki, 5te nach Bilschikow, 6te nach Nackwaszin und Jankow, 7te nach Chikow, 8te nach Sackrpin, 1te nach Koschmin und Sackrpinskewo.

Marsch von 5 Stunden.

Das Regiment kantonierte bis zum 16ten huj.

Den 13ten ging der Fourier Erdmann 8te Komp. zur Intendanz nach Kalisch ab, um von dort aus ins Depot nach Dresden zurückzugehen und den Fourier Wilhelmi abzulösen.

Den 14ten kam der Sousleutn. Tod mit einem Rekrutentransport beim Regiment an.

Den 16ten Rendezvous in Lisskow. 1ter Stab nebst 1ter und 2ter sowie 2ter Stab nebst 6ter und 7ter Komp. nach Brzipki und Socka, 3te Komp. Zerochow und Retnici, 4te und 8te Misculawiece, Tamistawiece, 5te nebst Artillerie nach Wittowka und Proboszezewice.

Den 17ten Rendezvous bei Warta. Stab, 5te und 8te Komp. nebst Artillerie in Scadek, 1te Krokocice, Wola, Kikovka, Choszewa, 2te Lichawola, Lobdzize, 3te Przepiszow, Tornowka, Gornawola, 4te Kreplin,

Woystawice, 6te Przatowa, Dziadkowice, 7te Prusinowice, Kobila Miegska.

Den 18ten Rendezvous bei Chorzesgow. Stab, Artillerie und 4te Komp. nach Choyny, 1te Laskowiece, 2te Rypultowice und Szynkielow, 3te Chocianiwicece, 5te Effinghausen, 6te und 7te Choyn Kolonie, 8te Friedrichshagen.

Den 19ten Rendezvous Kisskitno. 1ter Stab nebst 2ter Komp. und Artillerie nach Rogow, Olsze, Kolonie Michalow, 1te Leszezin, 3te Wirzchy, 4te Kolacin, 2ter Stab und 5te nach Popien, 6te Rozworzin, 7te Wonyry, 8te Alroga dolna und gorno.

Den 20ten Rendezvous bei Jesew. Stab nach Boguslawsky und Janky, Artillerie nach Groß und Klein Podkonice, 1te und 2te Komp. nach Komorow, 3te und 4te nach Osowiece und Gluchoweck, 5te nach Geilonitz, 6te und 7te nach Puknin und Ryszewice, 8te nach Sannagoce.

Den 21ten Rendezvous bei Ceitonitz. Stab in Zoziar, Artillerie nach Rudky, 1te Komp. nach Jankowiece und Rudky, 2te Bokitnica und Godzimirs, 3te nach Olzowa wola und Bugally, 4te nach Kalin, 5te und 6te nach Tarkowice, 7te und 8te in Poprotnin.

Den 22ten Rendezvous in Nowemiasto. Stab nach Sulkostow, Artillerie und 3te Komp. in Klowow, 1te in Japlonna, Dluga wola, Rdzow und Bronkow, 2te Odrziwol, Brysky, 4te Borowiena, Ulow, Kludnedznia, 5te und 8te Wrzescow, Grbowola, Wygnanow, Wür, Podkanieze, Barowa wola, Mockschütz, Kostwitz, 6te Sady, Przyskani, Kadz, Chaszin, Oszisc und Kozieniece, 7te Roszanna, Zdianky.

Den 23ten und 24ten Rasttag

Den 25ten Die Komp. marschierten, ohne dass sich das Regiment zusammenzog, in ihre neuen Quartiere.

1ter Stab nach Podjaick und Stoweck, 2ter Stab nach Zameiseck, Artillerie nach Przytyk, 1te Komp. nach Radoson, Czarnoim, Bokuwno und Radzaw, 2te nach Kozieniece, Podezawy wola und Japlonna, 3te in Klwow, 4te nach Grabewa, Wczeszezowska wola und Wrzeszezow, 5te nach Rezow, Mockschütz, Mokrzei und Podworow, 6te Wür und Gorczczewice, 7te nach Bodkanna, Wrzos und Japtonna, 8te Stuelziennice und Kaszowska wola, Tempa.

Das Regiment kantonierte bis zum 2ten Mai.

Mai 1812

Den 2ten Rendezvous in Podjaiok. 1ter Stab nach Brzuza, 2ter Stab nach Lissow, 1te Komp. nach Latkow, Sokurze, Schiewos, Kurky, 2te Magnuschow, 3te Grabna wola, Licennitzky, Lippa, Lecawice, Studgonky, 4te Wilszkowice dolna, Ryczywol, Klutna, 5te Gorynska wola, Partodziece, Piuszezno, Lissow, 6te Glownazow, Secanize, 7te Bobronicky, Lukawa, 8te Jadlinskow.

Das Regiment kantonierte bis zum 17ten und 19ten Mai.

Den 4ten wurde der Prem.leutn. v.Einsiedel nebst 2 Unteroffz. und 16 Gemeinen kommandiert, um in Szydlowice 62 Stück Ochsen als 10tägigen Fleischbedarf für das Regiment abzuholen.

Den 7ten passierte die 5te und 8te Komp. zu nächst Jedlinsko die Revue vor dem General v.Klengel

Den 9ten ging der Prem.Leutn. Hille mit 2 Unteroffz. in Begleitung eines polnischen Kommissärs ab, um die Vorräte in mehreren Orten des Kosiominicker Kreises aufzuzeichnen.

Den 10ten hatte die 3 Fußbatterien, der Divisionspark, das Regiment Niesemeuschel und das 2te Bataillon König Revue vor dem Divisions General v.Gutschmidt bei Jedlinsko.

Den 11ten Das 1te Bataillon König nebst Artillerie und das Gren.Bataillon v.Brause gaben die Revue vor dem Gen.Leutn. v.Gutschmidt bei Ryczywol.

Den 13ten traf der Sousleutn. Lischka mit einem Krankentransport von 1 Unteroffz., 1 Tambour, 24 Gemeinen beim Regiment ein. 2 Gemeine Sandmann 5te Komp., Muhe 7te Komp. sind während des Transports in Züllichau desertiert.

Den 16ten 16 Gemeine an das Gren. Bataillon v.Brause abgegeben.

Den 17ten Rendezvous 2tes Bataillon. 2ter Stab nach Schwerzegorne, 5te Komp. nach Dembowa wola, 6te nach Tarbin, 7te nach Przydwarzyce, 8te nach Wolachodkowska.

Den 18ten hatte die Brigade Klengel Revue vor dem General Reynier bei Ryczywol.

Den 19ten bezog das Regiment ein neues Kantonnement zwischen Magnuschow und Ryczywol.

Rendezvous; die Kompanien marschierten einzeln in die neuen Quartiere. Stab in Zwerze gorne und dolna, 1te und 2te Komp. bleibt, 3te Gerzibow und Magnuschow und Wolka Tornowska, 4te und 5te bleibt, 6te Magnudowskawola, Wilzawola, 7te Przydworzyce, 8te Trziebin, Artillerie in Rytziwol.

Rendezvous des Regiments bei Alarm vor Ryczywol am linken Ufer der Radomka nahe an der Brücke.

Den 23ten entstand in dem Kantonierungsdorf der 8ten Komp. eine Feuersbrunst, wobei mehre Soldaten einen Teil ihrer Effekten verloren.

Den 25ten wurde der Gemeine Trebus von der 2ten Komp. wegen Trunkenheit beim Fassen mit 15 Fuchteln bestraft, desgleichen der Gemeine Franke 3te Komp.

Traf der Feldwebel Seifried rekonvalesziert von Guben ein.

Den 26ten ging der Chirurg Dietze mit einem Krankentransport nach Radom, um nachher zurück ins Depot zu gehen, an seiner Stelle bekam das Regiment den Chirurg Krumm.

Den 27ten Nachmittags 3 Uhr exerzierten sämtliche Rekruten des Regiments in einer Division formiert bei Ryczywol vor dem Hern. Obersten.

Den 28ten exerzierte das Regiment bataillonsweise bei Ryczywol.

Den 29ten wurde der den 23ten huj desertierte Gemeine Kuhnert 3te Komp. als Arrestant zum Regiment gebracht.

Den 30ten bezog das Regiment eine provisorischen Kantonierung zwischen Ryczywol und Brzowska wola.

Die Komp. marschierten, ohne dass sie sich vorher auf einem Rendezvous vereinigt hätten, in ihre neuen Quartiere. 1te Komp. nach Wolachotkowsky, 2te nach Adamuf und Dzikawola, 3te in Mironitz un Schwerze dolne, 4te Schwerze gorne, 5te in Brzoza und Sewerinow, 6te in Brzoza, 7te und 8te nach Brzowskawola. Der Stab bleibt in Schwerze gorne.

Den 31ten Rendezvous vor Schwerze dolne. Stab nach Ipycyn, 1te nach Lissa, 2te und 4te nach Kempice und Przewice, 3te nach Gutsice, Artillerie nach Stoniki, 5te in Zaiezierze, 6te und 7te in Mozolieck, 8ten in Lenka.

Juni 1812

Den 1ten Revue vor den König von Westphalen bei Gniewaszow; sodann in die gestrigen Kantonnements zurück.

Auf Brückenwache bei Boreck wurde kommandiert: 1 Sousleutn. Lecoq, 4 Unteroffz., 1 Tambour, 50 Gemeine.

Den 2ten passierte das Regiment die Schiffsbrücke bei Boreck. Das Regiment versammelte sich vor der Schiffsbrücke.

Stab nach Demlin, 1te Komp. nach Ziecowice und Kosmin, 2te und 3te Komp. im Mortzyce, 4te, 5te und 6te Komp. nach Bobronicky, 7te in Sarny, 8te in Wilczanka und Skatik, Artillerie in Bobronicky.

Den 3ten Wurde der Korporal Wollmann 2te Komp. auf Befehl des Hrn. Oberst arretiert, auch bezog die 4te Komp. ein Kantonnement in den Dörfern Korzeniow, Irzoianki und Pialky, da das von derselben erst bequartierte Städtchen Stecycza zu weit rechts nach Warschau zu liegt.

Den 4ten Um das Regiment mehr zu konzentrieren, evakuierte die 1te und 8te Komp. ihre Dörfer und bezog die Ortschaften Lason, Bruskow und Barinow.

6 Grenadiere vom Bataillon v.Brause liefen durch 200 Mann unseres Regiments Spießruten, ohnweit Demlin.

Zur Arbeit an dem Tete de Pont bei Boreck wurden kommandiert 1 Kapitain, 3 Offiziers, 8 Unteroffiziers, 200 Mann.

Den 5ten wurde die Delogierung des Regiments dahin abgeändert, dass die 1te und 7te Komp. das Städtchen Stenzyca, die 4te und 8te die Dörfer Klitnia, Rkitna und Brezyce bequartierte.

Hielt der Hr. Oberst Revue über die 2te, 3te, 5te und 6te Komp. bei Demlin, um sich von dem Zustand der Waffen und Munition zu überzeugen. Bei jeder Kompanie hatten mehrere Leute von verschiedener Größe und Stärke ihr übriges Gepäck, ihre Lebensmittel auf … Tage bei sich um auszumitteln, auf wie viel Tage ein Regiment Lebensmittel ohne Fuhrwerk mit sich führen könne.

Ein Transport von 8 Kranken wurde durch 1 Unteroffz. in das Hospital nach Radom gebracht.

Verhör mit 3 Gemeinen 4te Komp. und Verpflichtung mit 11 Gemeinen. Auch gingen 1 Unteroffz. 8 Gemeine ins Feld Depot nach Soleck ab.

Den 6ten Rendezvous bei Stenzyca. Stabs und Brigade Quartier in Podzameze bei Maciowiece, Artillerie in Maciowiece, 1te und 7te Komp. nach Oronne, Godzisz und Sobolew, 2te und 3te nach Samogosez, Podtemz, Domazow, 4te und 6te Strych, Kawemezyn, Kochow und Uchaeze, 5te Pgorzelec, Krempa, Polick, 8te in Oblin.

Den 7ten Rendezvous bei Samogosez. Stabs und Brigade Quartier in Willoga. 1te Komp. in Gusin, Siedziow, Sniatkow gorne und dolne, 2te in Gozlin gorne, Gowlin malla, 3te und 4te in Padolewiece, Olsack, Walka, Gruszieynska, 5te Celejow, Zalesce, Kolonisten Ostrybor, 6te in Cyganowka, Gieleza,

Trzianko, Ziabieniza, 7te Szymoniewice, 8te und Artillerie Sobienice-Slachecky, Stadt-Jeziory = Kielzewsky.

Den 8ten Rendezvous in Sobienice, Jeziory. Das Regiment war bereits ausmarschiert und schon mehrere Komp. auf genannten Rendezvous eingetroffen, um ein Marschquartier in Dzechezenieck, Ruda, Mledz und Pialky zu beziehen, als der Hauptmann v.Watzdorf die Ordre an den General Klengel überbrachte, in den Quartieren vom 7ten zu bleiben.

Erhielten wir die Nachricht, dass der Gen.Leutn. v.Gutschmidt am 7ten Juni in Pulawy gestorben sei.

Den 11ten wurde das Stabsquartier des Regiments von Wilga nach Sobienice-Slachecky, 2 Stunden vom ersteren entfernt, verlegt, welcher Ort zugleich von dem Brigadier der Reserve Artillerie Major von Hoyer bequartiert war.

Den 14ten wurde auf Befehl des Brigadiers, das Dorf Celyow, welches zugleich von dem Kommandanten des 2ten Divisions Parks Major Auenmüller bequartiert war, von der 5ten Komp. geräumt und selbiger das Dorf Wiece angewiesen.

Zur Wache beim Parc de vivres in Madcieowize wurden kommandiert 1 Offz., 3Unteroffz. 1 Tambour, 40 Gem.

Der Ebräer Prager wurde als Marketender angenommen.

Den 15ten Zur Abholung von 83 Wagen Sol...lew 1 Sousleutn. v.Reibold, 2 Unteroffz., 32 Gemeine

Den 16ten Rendezvous diesseits Sobienky. Brigade und Stabs Quartier auch das der 6ten Komp.

Olsieck, 1te und 2te in Pogorzell, 3te in Sobienky, 4te und Artillerie in Rudnick, 5te in Grabianka, 7te und 8te in Jazwini.

Marsch von 3 Stunden.

Die 3te Komp. traf 1 ½ Stunden zu spät auf dem Rendezvous ein. Ein Rekonvaleszenten Transport, wobei vom Regiment 1 Tambour 13 Gemeine kam unter Führung des Leutn. Otto vom Train Bataillon hier an.

Sousleutn. v.Reibold traf vom Kommando wieder ein, hat aber nur 20 Wagen erhalten. Der Leutn. v.Rohrscheidt blieb als Platzkommandant hier zurück.

Den 17ten Rendezvous jenseits Tavor. Brigade Quartier in Glinianka, Stabs Quartier in Swirk, 1te Komp. in Jablonna, 2te in Pgorzell, 3te, 5te und Artillerie in Mledzkawola, 4te in Mledz, 6te in Dzechczeniece, 1 Offz, und 80 Mann von der 7ten und 8te in Wolakarzewska.

Marsch von 5 Stunden.

Der Gemeine Kuhnert 3te Komp. wurde noch vor dem Abmarsch aus Olsieck daselbst zur Fahne verpflichtet.

Den 18ten Rasttag in Swirk

Den 19ten Rendezvous des Regiments in Viensowna, 2 Stunden von Swirk; Rendezvous der Brigade jenseits Grochow, 2 Stunden diesseits Praga.

Das Regiment marschierte nach Praga bei Warschau und wurde in der Stadt selbst bei den Bürgern einquartiert. 1 Offzier, 3 Unteroffz., 1 Tambour, 87 Gemeine gab es auf Wache.

Wurden von der 8ten Komp. 1 Korporal 2 Gemeine und von der 7ten 1 Gemeiner vermisst, welche in den Wald geschickt waren, das Zugvieh zu holen; sie kamen Tags darauf wieder zum Regiment.

Den 20ten wurde der Marketender Delang vom Regiment entlassen, weil er die eingegangenen Bedingungen nicht erfüllte.

Der Korporal Zschunke 8te Komp. wurde auf Befehl des Hrn. Oberst arretiert und am 21ten seines Arrests entlassen.

Den 21ten Mittelst Ordre wurde bekannt, dass der Gen.Leutn. v.Funk an die Stelle des verstorbenen Glt. v.Gutschmidt das Kommando der 2ten Division bekommen.

Den 22ten Das Regiment marschierte von Praga nach Modlin und bezog vor den Festungswerken dieses Orts an den rechten Ufer der Narew ein daselbst befindliches Barackenlager. Bei dem Aufstellen des Regiments in Praga wurden 1 Zimmermann, 3 Tambours und 15 Gemeine vermisst, welche vermutlich bei einem in der Nacht vom 21ten zum 22ten in Warschau vorgefallenen Exzess arretiert worden sind. Das Regiment marschierte früh 3 Uhr von Praga ab und kam Nachmittags ½ 4 Uhr in den Barackenlager an, nachdem es unterwegs 2mal der großen Hitze halber an waldigten Stellen gehalten hatte. In Jablonna, einem auf der Mitte des Weges von Warschau nach Modlin gelegenen Dorfe wurden zur Kommunikation mit Warschau 4 berittene Ordonnanzen aufgestellt. Laut erhaltener Ordre soll das Regiment seine Verpflegung aus Modlin entnehmen, in welchem Ort der polnische Brigade General v.Grasinsky Gouverneur und dessen Bruder, ein Oberst dieser Armee,

Platzkommandant ist. Der Hauptmann v.Brause ging von hier aus als Kommandant des in Koszenice formierten Feld-Depots dahin ab. Das Kommando der 2ten Komp. übernahm bis zum Eintreffen des Prem.leutn. v.d.Palnitz 1te der Prem.leutn. v.Röder. Der Hauptmann v.Bauern, welcher eine Zivilversorgung erhalten, ging zu seiner Verabschiedung nach Dresden zurück. Das Kommando der 4ten Komp. übernahm der Prem.leutn. Hille.

Das Regiment ist nicht sowohl zum Garnisonsdienst, sondern vielmehr zur Deckung der Festung bestimmt.

Den 24ten Das Regiment rückte früh um 6 Uhr zum Exerzieren aus und um ½ 9 Uhr wieder ins Lager.

1 Zimmermann, 3 Tambours und 15 Gemeine, welche bei dem in der Nacht vom 21ten zum 22ten huj in Warschau vorgefallenen Exzesse arretiert wurden, trafen unter Begleitung eines Unteroffz. beim Regiment ein und wurden auf Befehl des Hrn. Oberst jeder mit 15 Prügeln bestraft, weil sie sich nach dem Zapfenstreich eigenmächtig aus ihren Quartieren entfernt hatten.

3 Gemeine 1te, 7te und 8te Komp. pro Komp. 1 gingen nach Ostrolenka ab und einstweilen bei den Sappeurs und Pontoniers angestellt zu werden.

Da das Regiment laut erhaltener Ordre zum Transport seiner Vorräte nur 24 Wagen behalten soll, so wurde der übrige Teil der Vorspann, aus 23 Wagen bestehend, unter Bedeckung eines Unteroffz. und 6 Gemeinen nach Praga abgeschickt. Zugleich ging ein Krankentransport von 1 Sergeanten und 13 Gemeinen unter obiger Bedeckung nach Warschau ab.

Der Platzkommandant von Modlin, Oberst Grasinky, ersuchte den Oberst v.Göphardt, einen Teil der beim Regiment vorhandenen Vorspann, in Rücksicht ihrer langen Abwesenheit von ihrer Heimat zu entlassen und macht sich anheischig, die nötige Vorspann auf jeden Fall zu stellen. Es wurden daher 16 Vorspannwagen durch einen Unteroffizier nach Modlin abgesendet und gegen Quittung an den Platzkommandanten übergeben, von welchen sie dann in ihre Heimat entlassen werden sollten.

Der seit dem 16ten huj als Platzkommandant zur Übergabe der Relaispferde in Olsieck kommandiert gewesene Sousleutn. v.Rohrscheid traf beim Regiment ein.

Den 25ten Wurden die Gewehre und Munition aufs Genaueste visitiert. Abends 6 Uhr wurde zum Exerzieren ausgerückt und die Formierung des Regiments Karrees auf 6 Glieder eingeübt.

Es wurden auf Befehl des Oberst v.Göphardt der Korporal Werner und 1 Gemeiner 8te Komp. arretiert, weil sie von der Vorspann des Regiments 2 Pferde eigenmächtig in Modlin verkauft hatten.

2 Korporals trafen vom Kommando von Boreck ein.

Den 26ten Der Prem.lieutn. v.d.Planitz 1te traf vom Kommando von Maciowice ein, sowie 1 Unteroffz. und 6 Mann vom Krankentransport nach Warschau.

Zum Schiffstransport nach Ostrolenka gingen ab 1 Sousleutn. Lecoq, 3 Unteroffz., 1 Tambour und 40 Gemeine.

Der Korporal Werner wurde auf 1 Monat degradiert und der Gemeine Schigan 8te Komp. nach der Wachtparade hinter der Front des Lagers mit 30 Stockschlägen auf den Hintern bestraft.

Durch den Adjutant Weise von der Artillerie ging Nachmittags 4 Uhr die Ordre ein, sofort aus dem Lager aufzubrechen und den Marsch über Pultusk, Rozan, Ostrolenka nach Lomza fortzusetzen. Es wurde daher um 5 Uhr Generalmarsch geschlagen und ½ 6 Uhr abmarschiert. Bei Pomnichowas passierten wir auf einer Pfahlbrücke die Kraje. Des Abends 10 Uhr wurde vor Naschilsk 1 Stunde gehalten und Wasser geholt. Um 11 Uhr passierte das Regiment dieses Städtchen, welches von Westfälischen Truppen besetzt war. ½ 1 Uhr erreichte das Regiment den 2 Stunden hinter Naschilsk bei dem Dorfe .... gelegenen Biwak.

Der Sousleutn. v.Bünau blieb mit einigen Kommandierten zurück, um das Lager zu übergeben und die Equipage und die Vivres dem Regiment nachzubringen. 7 Kranke vom Regiment wurden nach Modlin transportiert und daselbst den polnischen Behörden übergeben.

Den 27ten Das Regiment brach früh um 5 Uhr von dem Biwakplatz auf und marschierte bis auf das Rendezvous der Brigade vor Pultusk, wo es Mittags ½ 12 Uhr ankam. Die Gewehre wurden angesetzt und der Mannschaft das Kochen erlaubt. Die Verpflegung sollte aus Pultusk entnommen werden, woselbst aber nur lebendiges Fleisch und Salz geliefert worden.

Des Abends ½ 5 Uhr ging die Brigade ins Gewehr und setzte den Marsch von Pultusk nach Madnichew fort, woselbst das Regiment biwakieren sollte; in Hinsicht des ungestümen und nassen Wetters befahl jedoch General v.Klengel, dass das Regiment in Groß und Klein Madnichew untergebracht werden sollte, welche Dörfer um 8 Uhr Abends erreicht wurden. Die 2te, 3te und 4te Komp. blieben in Klein Madnichew, die übrigen 5 Komp. nebst dem Stab aber in Groß Madnichew. Der Adjutant Becker war vorausgegangen, um den Biwak zu besichtigen.

Den 28ten Das Regiment und die Brigade versammelte sich früh ½ 5 Uhr bei und in Madnischew, um den Marsch nach dem 5 Meilen entfernten Ostrolenka anzutreten. Zur Regulierung der Quartiere und Fassung wurden vom Rendezvous aus beide Adjutanten voraus geschickt, gleich wie der Sousleutn. v.Reibold zurückblieb, um die Equipage, welche das Regiment noch nicht erreicht hatte, nach Ostrolenka zu dirigieren.

Nach einem 3stündigen Marsch bekam die Brigade eine halbe Stunde vor dem Städtchen Rozan Ordre, daselbst zu verbleiben, um den 29ten in diesem Ort zu rasten. Die ganze Brigade wurde daher in genannten Orte verquartiert und die fassende Mannschaft nach Ostrolenka geschickt. Die Equipage des Regiments traf Nachmittag um 4 Uhr in Rozan ein.

Marsch von 4 Stunden.

Den 29ten Rast. Der Prem.leutn. v.Röder wurde kommandiert, einen Rapport des General Major v.Klengel in das Hauptquartier des General Reynier nach Zambrow zu bringen.

Den 30ten Die Brigade marschierte nach Czepwin 7 Stunden von Rozan, wurde bei dem Städtchen Rozan von früh 2 Uhr an bis Mittags 12 Uhr mit einer Fähre über die Narew gebracht. Da links abmarschiert wurde, so machte das Regiment Niesemeuschel den Anfang. Das Regiment König fing früh 9 Uhr an die Narew zu passieren. Mittags ½ 1 Uhr marschierte die Brigade vom Jenseitigen

Ufer ab. Nachmittags ½ 3 Uhr wurde vorm Flecken Gowrof 1 ½ Stunden gehalten. Die Ankunft in Czerwin erfolgte Abends ½ 9 Uhr und wurden beide Regimenter in dem Dorf einquartiert.

Die Verpflegung wurde den 29ten, 30ten Juni und 1ten Juli zum Teil in Ostrolenka entnommen.

Juli 1812

Den 1ten Es wurde früh um 5 Uhr General Marsch geschlagen. Die Brigade marschierte rechts ab und ging nach Zambrow und Tenziewice, 4 starke Meilen von Czerwin. Nach 4stündigem Marsch wurde vom 9 bis 10 Uhr in der Nähe eines Dorfes am Wege gehalten. Die Ankunft im Nachtquartier erfolgte des Nachmittags um ½ 4 Uhr. Der Stab nebst den ersten 5 Komp. wurden in Tenziewice verquartiert, die 6te, 7te und 8te Komp. aber mit dem Regiment Niesemeuschel in Zambrow ½ Stunde vor ersteren Orte entfernt. Der Prem.leutn. v.Röder traf früh 6 Uhr aus dem Hauptquartier beim Regiment ein. Der Adjutant Becker ging voraus, um die Quartiere zu regulieren. Die Equipage war des Nachts erst beim Regiment eingetroffen.

Den 2ten Rendezvous der Brigade war früh 5 Uhr in Zambrow. Es wurde links abmarschiert und von 10 bis ½ 12 Uhr Halt gemacht. Die Ankunft in den Quartieren erfolgte Nachmittag um ½ 5 Uhr. Der Stab nebst der 1ten, 2ten und 7ten Komp. wurden sowie der Brigadestab auf dem Edelhofe ¼ Stunde vom Städtchen So…, welches passiert wurde, verquartiert; die übrigen 5 Komp. nebst der Artillerie hingegen in dem Dorfe Kruszewe brodowe ½ Stunde vom Stabsquartier. Auf Befehl des General v.Klengel wurden der Prem.leutn. v.d.Planitz 1te nebst Sousleutn. v.Rockhausen und 6 Unteroffz. mit

75 Mann kommandiert, einen Haufen Bauern einzufangen, welche mehrere beim Parc de vivres kommandierte Soldaten überfallen und gemißhandelt hatten. Er traf den 3ten früh mit mehreren Arrestanten und Wagen beim Regiment wieder ein, welche ersteren den 4ten Juli auf der Hauptwache in Bialystock abgegeben wurden. Da die Vivres in Ermangelung der Transportmittel und wegen des schlechten Weges noch weit zurück waren, so wurden nur halbe Brotportionen und doppelte Fleischportionen ausgegeben, wobei letztere seit einigen Tagen von dem bei dem Regimente befindlichen Schlachtvieh und auf Befehl des Brigadiers in den jedesmaligen Nachtquartier entnommen und requiriert wurde.

Der Sousleutn. v.Reibold war zum Quartiermachen vorausgegangen. Marsch von 7 Stunden.

Den 3ten Das Rendezvous der Brigade war früh ½ 6 Uhr jenseits dem Dorfe Kruszewe auf der Straße nach Sqarky. Es wurde rechts abmarschiert. Von 10 bis ¼ 12 Uhr wurde vor dem Dorfe Suras gehalten. Bei diesem Dorfe wurde die Narew auf einer Kahnbrücke passiert und das russische Gebiet betreten. ¼ 3 Uhr traf die Brigade in dem Städtchen Turost Koszielne ein, wo jedoch die Ordre zu dem weiteren Marsche nach Bialystock vorgefunden wurde. Nach einem dritthalbstündigen Halt, während dessen an die Truppen eine Quantität Branntwein ausgeteilt wurde, wurde der Marsch nach Bialystock fortgesetzt, welche Stadt als das Hauptquartier des General en Chef des Nachts um 12 Uhr mit klingendem Spiele passiert wurde. Die Brigade bekam einen Biwakplatz hart an der Stadt angewiesen, welcher ½ 1 Uhr erreicht wurde.

Marsch von 11 Stunden.

Den 4ten Rasttag. Die vollständige Verpflegung sowie auch die Ergänzung des eisernen Bestandes auf 18 Tage wird aus den Magazinen zu Bialystock entnommen. Mehrere Kranke wurden in das Lazarett nach Bialystock gebracht. Der General v.Lecoq und v.Funck/Sahr (?) besuchten früh den Biwak, der General Reynier des Nachmittags. Der Hauptmann v.Gersdorf wurde Abends ½ 9 Uhr auf die Polizeiwache gebracht, weil er sich ohne Urlaub des Obersten aus dem Lager entfernt hatte.

Den 5ten Die Brigade trat früh 3 Uhr ins Gewehr und erwartete die Ankunft der übrigen Truppen, um den Marsch nach Grodeck anzutreten. Der Abmarsch des ganzen Korps erfolgte um ½ 6 Uhr. Die Brigade hatte den linken Flügel. Nach einem 4stündigen Marsche auf ziemlich unebenen Weg wurde im Holze von 10 bis 12 Uhr gehalten. Die Ankunft auf dem Platz erfolgte ½ 4 Uhr, worauf sogleich eine Feldwache ausgesetzt wurde. Während des Marsches wurden von den Schützen der Regimenter Seitenpatrouillen getan. Der Platz, auf welchen die Brigade biwakierte, war ¼ Stunde von Grodeck und ebenso weit von dem Quartier des General en Chef entfernt und befand sich mitten zwischen zwei Orten.

Marsch von 10 starken Stunden.

Vor dem Abmarsch von Bialystock wurde der Sousleutn. v.Linsingen mit 1 Unteroffz., 1 Tambour und 10 Gemeinen nach besagtem Orte kommandiert und an die Befehle des dasigen Platzkommandanten, Major v.Eichelberg, verwiesen. In das daselbst angelegte Lazarett wurden vom Regiment 1 Unteroffz., 1 Gemeiner als Krankenwärter kommandiert.

Der Hauptmann v.Gersdorf wurde früh 1 Uhr seines Arrestes entlassen.

Das Kommando über sämtliche Equipage des Korps ist für den Monat Juli dem Hauptmann v.Köckritz vom Regiment Prinz Anton übergeben worden.

Von dem dem Artillerie Detachement zugeteilten Train fielen unterwegs 3 Pferde.

Den 6ten Die Brigade stand früh ½ 3 Uhr unter Gewehr. Der Abmarsch des Korps erfolgte um 3 Uhr. Es wurde links abmarschiert, das Regiment v.Niesemeuschel an der Tete. Von 9 bis 11 Uhr wurde jenseits des Städtchens Hallinke gehalten. Bei Hallinke die Russe passiert. Die Ankunft auf dem Platz jenseits des Städtchens Großspreewitz/ Wielkotowiza erfolgte Nachmittags um 2 Uhr. Die Fassung erfolgte in Groß Krestowitz, wo auch das Brigadequartier war.

Vor dem Abmarsch vom Biwak bei Grodeck wurde Branntwein an die Mannschaft verteilt.

Marsch von 4 Meilen.

Den 7ten Früh ½ 5 Uhr marschierte das Korps rechts ab, die Brigade Klengel und mit dieser das Regiment König die Tete. Früh 8 Uhr wurde ½ Stunde gehalten, desgleichen von ½ 10 bis ½ 12 Uhr. Des Nachmittags ½ 4 Uhr auf dem Biwak bei Wolkowysk. Das Piquet wurde auf dem rechten Flügel des Geschützes aufgestellt; die Feldwache wurde verstärkt.

Marsch von 4 Meilen.

In Mischelwitz wurde ein Fass Branntwein entnommen. Des Abends wurde in Wolkowysk Tabak gefasst.

Den 8ten Abmarsch früh 3 Uhr. Es wurde im Korps links abmarschiert, in beiden Divisionen aber rechts. Von ½ 8 bis 8 Uhr und von ½ 10 bis 10 Uhr wurde halt gemacht. Mittag ½ 1 Uhr kam die Brigade auf dem Biwak bei Zalewea an. Der Leutn. Allmer war zum Fassen in Wolkowysk zurückgeblieben.

Marsch von 7 Stunden.

Der Musketier Freindel 1te Komp. wurde zum aggr. Korporal ernannt.

Nachmittags um 3 Uhr wurde Appell geschlagen und die Kompanien verlesen.

Den 9ten Die 1te Division marschierte mit Sonnenaufgang, die 2te um 5 Uhr auf der Slonimer Straße. Das Städtchen Tezierniza wurde passiert und die 1te Komp. als Sauvegarde vom zweiten Halt dahin abgeschickt. Es wurde der großen Hitze wegen 3mal gehalten, dem ohngeachtet blieben viele Marode zurück.

2 Komp. leichter Infanterie und eine Eskadron Albrecht Chevauxlegers deckten während des Marsches die rechte Flanke. Die Ankunft auf dem Biwak erfolgte Nachmittags ½ 5 Uhr. Das Piquet wurde aufgestellt. Die Anzahl der zurückgebliebenen Maroden war 157. Marsch von guten 8 Stunden. Es wurde im Korps rechts abmarschiert. Die Brigade Klengel hatte die Tete der 2ten Division.

Den 10ten Der Abmarsch war ¼ 4 Uhr befohlen, zu welcher Zeit das Regiment unter Gewehr stand; er erfolge aber erst nach 5 Uhr. Es wurde im Korps links abmarschiert, die Brigade Sahr die Tete. Die

Ankunft in der Position bei Slonim erfolgte früh ½ 9 Uhr. Der rechte Flügel lehnte sich an die Straße, der linke an ein Tal. Die 1te Komp. wurde als Feldwache ausgesetzt und die 7te und 8te deckte auf dem Marsche hierher die Equipage des Korps und traf einige Stunden später im Lager ein.

Der Sousleutn. v.Neitschütz traf mit den Vivres Wagen beim Regiment ein. Die Fassung geschah in Slonim.

Marsch von 3 Stunden.

Mehrere Kranke wurden in das in Slonim etablierte Lazarett gebracht, wohin auch 1 Krankenwärter 3te Komp. gegeben wurde.

Den 11ten Das Korps hielt in der gestern bezogenen Position Rasttag, er wurde dazu angewendet, sämtliche Armatur und Equipage Stücken zu reinigen und in Stand zu setzen; bei welcher Gelegenheit ein Musketier der 1ten Komp. so unvorsichtig war, das geladene Gewehr auseinander nehmen zu wollen und zu putzen; der Schuss ging los und blessierte einen anderen Gemeinen.

Früh 3 Uhr und Abend 8 Uhr wurde mit Gewehr verlesen.

Ein Fourier vom 1ten leichten Regiment wurde, den Ausspruch eines gehaltenen Standrechts gemäß, erschossen, weil er sich des Plünderns schuldig gemacht hatte.

Den 12ten Das Korps marschierte in die Umgebung von Palanka, der Abmarsch erfolgte links, die Brigade Sahr die Tete. Früh 4 Uhr wurde Slonim und die Serra passiert. Es wurde unterwegs 2mal gehalten. Die Ankunft auf dem Biwak jenseits Palanka erfolgte um 3 Uhr Nachmittag. Der Haupt-

mann v.Bernewitz, welcher zum Platzkommandanten von Slonim ernannt, blieb daselbst zurück,
desgleichen wurden dahin kommandiert:

1 Offizier   Sousleutn. v.Reibold
1 Unteroffz.
19 Gemeine

Marsch von 8 Stunden.

Da den Einwohnern von Slonim mehrere Effekten
und Lebensmittel entwendet worden sind, so
wurden dieser halb sämtliche Soldatenweiber
revidiert, ebenso der Marketender, von dem
Entwendeten aber Nichts gefunden.

Den 13ten Das Korps marschierte früh um 5 Uhr
rechts ab. Die Brigade Klengel in der Division die
Tete. Es wurde von 9 bis 10 Uhr gehalten. Das
Regiment kam Mittags 12 Uhr auf dem Biwak bei
und jenseits Stolowicze an, zwischen dem 1ten und
2ten Bataillon biwakierte die 3te Fuß Batterie. Das
Terrain des Platzes war uneben und koupiert.

Marsch von 6 Stunden.

Den 14ten Das Korps brach früh 4 Uhr auf. Es
wurde links abmarschiert. Durch Nachlässigkeit des
Fourier Heinzmann 5te Komp. erhielt das Regiment
den von Adjutant Sahr Regiment Niesemeuschel
uns zugeschickten Befehl zum Aufbruch nicht eher,
als bis Generalmarsch geschlagen werden sollte.
Dem Befehle zu Folge sollte das Korps in der
Gegend von Snow biwakieren, derselbe änderte
sich jedoch ab und bei genannten Orte wurde von ½
11 bis 12 Uhr gehalten. Der Marsch wurde sodann
noch 2 starke Stunden fortgesetzt und der Biwak
Nachmittag 3 Uhr bei ………… bezogen.

Marsch von 8 Stunden.

Auf Befehl des Herrn General Leutn. v.Lecoq ging die 5te Komp. Abends ½ 9 Uhr nach dem 1 Stunde rückwärts gelegenen Ort Kamianka zurück, um daselbst Artillerie Park und 2 Reserve Batterien die Nacht hindurch zu decken.

Des Abends ½ 7 Uhr wurde Appell geschlagen und die Tornister sämtlicher Mannschaften visitiert, indem in nah gelegenen Dörfern mehrere Effekten von den Soldaten genommen worden sein sollten, es wurde jedoch nichts gefunden.

Den 15ten Wurde früh ½ 4 Uhr rechts abmarschiert. Die Brigade Klengel hat die Tete der 2ten Division. Die Straße nach Kletzk wurde eingeschlagen und an diesem Orte früh 8 bis 9 Uhr geruht. Der ¾ Stunden von Kletzk gelegene Biwak wurde um ¾ 10 Uhr in einem buschigten Tale bezogen. Die 5te Komp. traf auf dem Ruheplatz wieder beim Regiment ein.

Marsch von 3 ½ Stunden.

Den 16ten Es wurde im Korps links abmarschiert. Die Brigade Sahr hatte die Tete. Das Korps machte eine rückgängige Bewegung und bezog Mittags ½ 12 Uhr den Biwak bei Laschkowize 6 Stunden rückwärts von Kletzk. Es wurde früh ½ 4 Uhr abmarschiert und von 8 bis ½ 9 Uhr gehalten.

Marsch von 6 Stunden.

Den 17ten Es wurde früh 5 Uhr im Korps links abmarschiert. In der Division hatte die Brigade Klengel die Tete. Der Marsch ging nach Ostrow und die Ankunft auf dem Biwak erfolgte Abends ¼ 8 Uhr. Wegen des schlechten Weges geriet Marsch öfters ins Stocken. Es wurde von 2 bis 4 Uhr Nachmittags gehalten.

Marsch von 7 Stunden.

Der Gemeine Lotzmann 4te Komp. wurde auf Befehl des Oberst v.Göphardt mit 25 Prügeln bestraft, weil er auf dem gestrigen Marsch einen Teil seiner Equipage Stücke, worunter der Feldkessel befindlich, verloren hat. Desgleichen wurde gestern der Zimmermann Schneider 5te Komp., welcher bei den Sappeurs kommandiert war als Arrestant ans Regiment abgeliefert, indem er sich des Marodierens schuldig gemacht hat.

Den 18ten Es wurde früh 4 Uhr im Korps abmarschiert, die 2te Division hatte die Tete. Der Marsch geht nach Bytyn. Die Brigade Sahr hat Rast in dem gestern bezogenen Biwak. Wegen des schlechten Weges ging der Marsch nur sehr langsam, wo auch die Equipage zurückblieb, von 7 bis 8 Uhr und Nachmittag von ½ 2 bis 3 Uhr wurde gehalten. Das 1te Bataillon wurde in Bytyn, das 2te hingegen mit dem ganzen Regiment Niesemeuschel in dem ¼ Stunde von der Stadt entfernten Dorf Saritzsche verquartert. Das 2te Bataillon erhielt 15 Häuser. Die Ankunft erfolgte Nachmittags ½ 5 Uhr.

Marsch von 8 Stunden.

Der Korporal Köplitz 5te Komp. wurde wegen Nachlässigkeit bei einem ihm aufgetragenen Geschäft auf Befehl des Oberst v.Göphardt arretiert.

Der Sousleutn. Lecoq traf mit einem Teil seines Kommandos beim Regiment ein, 2 Unteroffz. und 24 Gemeine sind zu Eskortierung von Transport in Ostrolenka zurückgeblieben.

Den 19ten hatte die Brigade Rasttag.

Der Korporal Köplitz wurde früh seines Arrests entlassen. Das 2te Bataillon gab heute den Dienst in die Stadt, da solcher gestern vom 1ten Bataillon bestritten worden war.

Den 20ten Die Brigade Klengel nebst 3 Eskadrons vom Regiment Prinz Clemens Ulanen marschierte nach Kossow und wurde in diesem Orte und umliegenden Scheunen einquartiert.

Es wurde rechts abmarschiert, das 2te Bataillon und das Regiment Niesemeuschel erwarteten die Ankunft des 1ten Bataillons um 4 Uhr am Eingang des Dorfes Saritzsche. Zur Herbeischaffung der nötigen Verpflegung gingen mehrere Requisitions Kommandos voraus. Von ½ 9 Uhr bis ½ 10 Uhr wurde unterwegs Halt gemacht. Die Ankunft in Kossow erfolgte Nachmittags um 3 Uhr.

Marsch von 8 Stunden.

Die Brigade ist bestimmt, die österr. Vorposten bei Brzesc, Mokrany und Dywin abzulösen und insgemeinen die Straßen, welche aus Wolhynien kommen, zu beobachten. Das Regiment soll mit einem Detachement Ulanen von 80 Pferden unter dem Hauptmann Heymann die Vorposten bei Brzesc unter Kommando des General Zechmeister ablösen.

Den 21ten Die Brigade marschierte früh links ab auf der Straße nach Kartusa berezina, woselbst sie mehreren österreichischen Truppendetachements, Geschütz und Wagenkolonnen begegnete, welche nach Kossow marschierten. Der österr. Kommandierende General Fürst Schwarzenberg passierte ebenfalls die Brigade. Es wurde hart an der Straße im Walde von 9 bis ¾ 11 Uhr Halt gemacht. Die Ankunft in Kartusa berezina erfolgte Nachmittags 3

Uhr. Die Brigade wurde in der Stadt und den umliegenden Scheunen verquartiert, der Brigade und Regiments Stab hingegen in dem ¼ Stunde von der Stadt entfernten Kloster.

Ein Marsch von 4 Meilen.

Den 22ten Es wurde ½ 5 Uhr rechts abmarschiert. Der Marsch geht nach Pruzanny, in welchen Orte die Brigade Nachmittags ½ 5 Uhr ankam und verquartiert wurde. Früh von 9 bis 10 Uhr und Nachmittags von 3 bis 4 Uhr wurde gehalten. Ein österr. Infanterie Regiment nebst einem Husaren Detachement und eine große Anzahl Wagen gingen die Straße nach Kossow und passierten die Brigade. Das Regiment langte Abends ½ 9 Uhr an.

Marsch von 9 Stunden.

Der Adjutant Becker war zu Besorgung des Biwaks sowie der Leutn. Allmer zum Fassen der nötigen Lebensmittel voraus gegangen.

Den 23ten Es wurde früh ½ 5 Uhr links abmarschiert. Der Marsch geht nach Tebele. 3mal wurde gehalten, der Haupthalt von ½ 10 bis ½ 12 Uhr. Die Ankunft auf dem Biwak hart an Tebele erfolgte Nachmittags ½ 3 Uhr.

Marsch von 3 starken Meilen.

In Pruzanny blieb der Leutn. Schlegel mit 2 Unteroffz. und 24 Mann auf Magazinwache zurück. Der Adjutant Becker ging noch diesen Tags nach Kobryn voraus.

Den 24ten Früh ½ 5 Uhr marschierte die Brigade, rechts abmarschiert, nach Kobryn. Das Regiment Niesemeuschel biwakierte bei dieser Stadt. Das Regiment passierte selbige früh 8 Uhr und erhielt den Befehl, über Grupcize und Pulkow zu marschieren, von 11 bis 12 Uhr wurde gehalten, sodann der Marsch nach Grupcize fortgesetzt, vor welchen Ort von 12 bis 5 Uhr gehalten und abgekocht wurde. Das Regiment bezog die Position bei Pulkof Abends ½ 10 Uhr.

Kobryn war noch von einem Teil des Regiments Kienmayer Husaren besetzt.

Marsch von 12 starken Stunden.

(BERICHT ANFANG)

Das Regiment Niesemeuschel und die Ulanen lösten noch denselben Tag, ihrer früheren Bestimmung gemäß, den hier zurückgebliebenen Teil des unter den Befehlen des Generals Fürsten v.Schwarzenberg stehenden Armeekorps in seinen Posten ab.

Das Regiment König, welches beim Abmarsch von Bytyn insbesondere die Instruktion erhalten hatte, den 26ten den Posten von Brzesc zu besetzen und die von dem dorthin vorausgeschickten Kavallerie Detachement abzuschickenden Patrouillen durch Infanterie Replis zu verstärken und sicher zu stellen, sollte laut des am 20ten erhaltenen Befehle den 24ten bei Kobryn biwakieren und von da aus in 2 Tagen auf den Ort seiner Bestimmung eintreffen.

Doch machten die am 24ten auf den Marsch von Tebele nach Kobryn erhaltenen Nachrichten von den Annährung des Feindes gegen Brzesc, welche der in Kobryn kommandierende General Zechmeister bestätigte, den Befehl des General v.Klengel notwendig, dass das Regiment König ohne einen Halt zu machen, Kobryn passieren sollte und noch an diesem Tag bei dem 4 Meilen von Kobryn und 1

½ Meilen von Brzesc entfernten Flecken Pulcow einzutreffen und noch den 25ten dem Feinde mit der Besetzung zuvorzukommen.

Da voraus zu sehen war, dass das Regiment Pulcow ohnmöglich eher als nach eingebrochener Nacht erreichen könne und die von den vorrückenden Feinde erhaltenen Nachrichten einen Angriff auf das, von Kobryn bis Brzesc, längs der zu bildenden Vorpostenlinie sich im Marsch begriffenen Regiment nicht ganz unwahrscheinlich machte, so hielt der Oberst v.Göphardt es für nötig, einen Offizier vorauszuschicken, der, wenn es die Umstände erlaubten, sich sowohl von dem Terrain bei Pulcow wegen einer daselbst zu nehmenden Stellung vollkommen instruierte, als auch alle möglichen Nachrichten vom Feinde auf der zu nehmenden Tour und in Pulcow selbst einzuziehen hatte.

Der vorausgeschickte Offizier, Adjutant Becker, traf zeitig genug dort ein, um diesen Auftrag im Genüge leisten zu können, insbesondere erhielt er die Nachricht von dem in Pulcow sich befindlichen Postmeister als auch von dem ökonomischen Inspektor, dass ein russ. Korps jenseits Brzesc angekommen sei und bereits Kosaken Detachements in den einige Stunden links der Brzescer Straße gelegenen Dörfern gesehen worden wären.

Nachdem das Regiment bei dem Klosterdorf Krupcicze /: 5 Stunden von Kobryn und 3 Stunden von Pulcow :/ einen 3stündigen Halt gemacht während dessen die Mannschaft abkochte und auf Requisition mehrere Lebensmittel aus genanntem Orte erhalten hatte, traf es nach einem 13stündigen Marsch Abends gegen 10 Uhr sehr ermattet bei Pulcow ein und nahm seine Stellung jenseits dieses Ortes zu beiden Seiten der Brzescer Straße hart hinter der Muchawiez so, dass die Intervalle beider Bataillons auf die hier befindliche Brücke passte, die Bataillons aber nach Maßgabe des Terrains einen ausspringenden Winkel formierten; die 4 Regiments Kanonen wurden vor der Intervalle zur Verteidigung der Brücke und zur Bestreichung des vorliegenden Terrains aufgefahren.

Zur Sicherstellung des Regiments wurde eine Feldwache von 1 Prem.leutn. v.Einsiedel 64 Mann ohngefähr ¼ Stunde vorwärts, wo jenseits der Muchawiez die alte und neue Brzescer Straße sich vereinigen, aufgestellt, sie hielt 2 detachierte Unteroffzierposten, jeder von 1 Unteroffz. 9 Mann; einer vorwärts auf der Straße nach Brzesc diesseits Schebrin und einen in der linken Flanke rückwärts an einer durch die Muchawiez führenden Furt.

Vorwärts in der rechten Flanke war das Piquet von 1 Offizier Sousleutn. v.Zeschau und 80 Mann auf der alten Brzescer Straße am Ende des auf dem jenseitigen Ufer gelegenen Dorf Pulcow, hinter einer über den Morast führenden Brücke aufgestellt; es hielt 3 detachierte Posten, jeder von 1 Unteroffz. 9 Gemeinen, einen auf der Straße vorwärts zur Kommunikation mit der Feldwache, einen in der rechten Flanke in einem daselbst gelegenen Hölzchen und den 3ten auf der Straße rückwärts ohnweit der Windmühle.

Die rückwärts in der rechten Flanke an das diesseitige Ufer gebrachte Fähre wurde vom Lager aus durch 1 Unteroffz. 10 Mann besetzt; welcher sich mit seinen Chaineposten mit dem rückwärts detachierten Unteroffiziersposten des Piquets in Verbindung setzte.

Ein 4ter Posten von 1 Offizier Prem.leutn. v. Röder 30 Mann wurde hinter der linken Flanke auf eine da bedindlichen Anhöhe, welche das ganze Terrain übersah, gestellt und verband sich durch seine Chaineposten rechts mit dem bei der Furt stehenden Unteroffiziersposten der Feldwache, links mit dem vom Lager rückwärts ausgestellten Posten an der Fähre.

Von dieser Postenkette von allen Seiten umgeben, konnten wir trotz der Dunkelheit der Nacht doch mit Bestimmtheit darauf rechnen, vom Feinde nicht unerwartet überfallen zu werden.

Auf den Fall eines feindlichen Angriffs, der mit Übermacht nur von Scherbin her erwartet werden konnte, war von dem Oberst v.Göphardt nachfolgende Instruktion an die vorwärts detachierten Posten gegeben worden:

„Greift der Feind die Feldwache an, so soll solche vom Piquet Unterstützung erhalten; das Piquet seinen Soutien aber vom Regiment zu erwarten haben.

Wird die Feldwache zurückgedrängt, hat sie sich auf das Piquet zurückzuziehen und mit diesen hinter dem Morast vereinigt so lange die rechte Flanke des Regiments zu decken bis solches genötigt sei seine Stellung zu verlassen; dann aber, da die Fähre an der alten Straße am diesseitigen Ufer sich befindet, dem Regimente jenseits des Flusses zu folgen und dann erst an der seichteren Stelle, welche dem Schlage gegenüber sich befindet und einigen Mannschaften des Piquets bekannt gemacht worden ist, passieren und auf dem vom General v.Klengel vorgeschriebenen Rückzuge nach Kobryn die Arrieregarde des Regiments zu machen."

Die Nacht vom 24ten zum 25ten verging ruhig, keine der Vorposten und Patrouillen, welche letztere bis in die nächsten Dörfer geschickt waren, hatten außer einigen Gewehrschüssen, die früh gegen 3 Uhr gehört wurden, etwas vom Feinde bemerkt.

Es war bereits Befehl gegeben, den 25ten früh 6 Uhr nach Brzesc aufzubrechen und man durfte hoffen, da schon die aufgehende Sonne unseren Biwak beleuchtete, dass Nichts unsern weiteren Marsch aufhalten würde, um so mehr, da von dem Ulanen Regiment der Rittmeister Heymann schon Tages zuvor mit 80 Pferden bis Brzesc vorgerückt war.

Auf die um 3 Uhr in der Entfernung gefallenen Gewehrschüsse fielen wider Erwarten eine halbe Stunde später mehrere Schüsse in der Nähe unserer Vorposten und kurz darauf zeigten sich einige polnische Ulanen, welche die Nachricht brachten, dass die bei Brzesc stationierten sächs. Ulanen mit Übermacht von dem Feinde angegriffen und auf der Straße nach Pulcow zurückgedrängt und verfolgt wurden.

Das Regiment trat sogleich unters Gewehr und bald darauf brachten einige sächs. Ulanen 2 gefangene russ. Ulanen, welche uns die Nachricht gaben, dass die bei Brzesc versammelten Russen aus
4 Regimentern Kavallerie
1 Regiment Infanterie
1 reitenden Batterie bestünden und der Rest des Heymann'schen Detachements auf der Retirade hierher begriffen sei. Um Nachrichten von dem gegen uns anrückenden Feind zu erlangen und das

bei Brzesc geschlagene und vom Feind verfolgte Kavallerie Detachement aufzunehmen, befahl der Oberst v.Göphardt dem Sousleutn. Lecoq mit 50 Freiwilligen eine Patrouille vorwärts auf der Straße über das Dorf Schebrin gegen den Feind zu machen. In einiger Entfernung von erwähnten Dorfe stieß der Leutn. Lecoq auf den aus etlichen 30 Pferden bestehenden Überrest des bei Brzesc geschlagenen Kavallerie Detachements unter dem Leutn. v.Bärenstein, welcher bis an das hart hinter Schebrin gelegene Holz vom Feinde verfolgt worden war. Nachdem genannter Leutn. sein Kommando gesammelt und einige Augenblicke ausgeruht hatte, rückte er mit dem Leutn. Lecoq, welcher unter diesen Umständen nicht weiter vorwärts gehen konnte, gegen 5 Uhr früh im Lager ein und bestätigte die Aussage der polnischen Ulanen mit dem Zusatz, dass der Rittmeister Heymann und Leutn. v.Sattler verwundet und nebst mehreren Ulanen auf jeden Fall gefangen wären.

Alle ausgestellten Posten wurden hierauf abgelöst, die Feldwache durch den Sousleutn. Lecoq, das Piquet durch den Sousleutn. v.Rohrscheidt.; der hinter der linken Flanke gestandene Posten wurde nun links vorwärts aufgestellt ohngefähr in gleicher Höhe mit der Feldwache und bis auf 60 Mann verstärkt, befehligt vom Sousleutn. v.Rockhausen; ihm zum Soutien postierte sich rückwärts der Sousleutn. v.Bünau mit 30 Mann. Als Avertisse-mentsposten wurde auf die vom Detachement des Leutn. v. Rockhausen verlassenen Höhe 1 Unter-offz. 9 Mann aufgestellt.

Der Posten an der Fähre in der rechten Flanke rückwärts wurde bis auf 2 Unteroffz. 20 Mann verstärkt, um den Übergang einzelner feindlicher Truppen daselbst zu verhindern.

Die Equipage wurde hinter Pulcow in 2 Karrees aufgefahren und die dazu kommandierte Mannschaft von dem Sousleutn. v.Craushaar zu deren Verteidigung aufgestellt.

Bald nach dem Eintreffen des Prem.leutn. v.Bärenstein im Lager sah man schon die feindlichen Vorposten diesseits Schebrin /: einen eine kleine viertel Stunde vor unserer Feldwache gelegenen Ort :/ postiert, es wurde deutlich bemerkt, wie sich sowohl eben genanntes Dorf als auch das in gleicher Höhe mit solchen rechts davon gelegene Holz immer mehr von Truppen, sowohl Kavallerie als Infanterie, anfüllte und durch abgeschickte Kavallerie Patrouillen, 20 − 40 Pferde stark, unsere Flanken zu rekognoszieren suchte, ja sogar weiter rückwärts sich bis in unseren Rücken wagten. Jedoch gewährte uns die durch Hügel und sanfte Anhöhen begrenzte koupierte Position /: ohne dass bei einem etwaigen Angriffe des Feindes die Wirksamkeit unseres Feuers gehindert worden wäre :/ den Vorteil, dass der Feind unsere Stärke nicht genau beurteilen konnte, sondern vielmehr die weit ausgebreitete Vorpostenlinie ihm die Überzeugung geben musste, dass eine stärkere Truppenabteilung, als das so sehr durch Kommandierte und Kranke geschwächte Regiment König, ihn hier erwartete.

Seiten des Regiments verabsäumte man nicht Patrouille auf Patrouille gegen den Feind auszuschicken und obgleich die Pferde des Leutn. v.Bärenstein /: durch die Affäre bei Brzesc und dessen gedrängten Rückzug :/ sehr abgemattet waren, so mussten sie doch zu diesem Dienst mit gezogen werden. Sämtliche wiedereintreffende Patrouillen überzeugten uns immer mehr und mehr, wie der Feind hinter den ihn deckenden Terraingegenständen sich fortwährend verstärkte und nicht unterlasse, sich durch ausgeschickte Patrouillen von unserer Stellung und Stärke zu überzeugen.

Da unter diesen Umständen ein Marsch vorwärts nach Brzesc unmöglich war und eine sofortige Retirade auf das 4 Meilen entfernte Kobryn aus der doch einigermaßen vorteilhaften Position auf ein, dem an Stärke weit überlegenen Feind zum Angriff günstigeres Terrain zurück führte, so wartete der Oberst v.Göphardt in dieser Position die vom General v.Klengel erbetenen weiteren Verhaltungsbefehle ab, nachdem er ihn mit dem Überfall auf Brzesc und der Annäherung des Feindes bekannt gemacht hatte.

Aus dem Hauptquartier des General Reynier kamen der franz. Oberst Brület in Begleitung des Major Stünzner und Prem.leutn. Erhardt, welche zur Rekognoszierung von Brzesc kommandiert waren, hier an; nachdem sie an Allen genaue Kenntnis erlangt hatten beschlossen sie, den zuvor erhaltenen Befehl des General v.Klengel beim Regiment abzuwarten.

Abends ½ 5 Uhr traf der Leutn. v.Funck von Clemens Ulanen mit nachfolgenden schriftlichen Befehl vom General v.Klengel an den Oberst v.Göphardt ein: *„Dass das Regiment mit einbrechender Nacht seinen Posten verlassen und sich auf Kobryn zurückziehen solle, die Equipage sei vorauszuschicken"*.

Da des Nachmittags feindliche Kavallerie Patrouillen weit hinter unserer linken Flanke bemerkt worden waren, so erhielt die Equipage Begleitung 2 Unteroffz. 40 Mann Verstärkung, um sie vor allen Anfällen sicher zu stellen und trat hierauf ohne Verzug ihren Rückmarsch nach Kobryn an.

Unter immerwährenden Patrouillen von beiden Seiten verging der Rest des Tages.

Um etwas ganz bestimmtes vom Feinde und seiner Stellung zu erfahren und im Stande zu sein, einen möglichst ausführlichen Rapport dem kommandierenden General überschicken zu können, machte der Major Stünzner mit 16 Ulanen, dem Leutn. Tod und 30 Mann Infanterie eine Rekognoszierung vorwärts auf der Straße nach Brzesc; als gegen Abend die feindlichen Vorposten aus einer uns unbekannten Ursache zurückgezogen wurden. Der Major Stünzner kehrte Abends nach 9 Uhr mit der Nachricht zurück, dass der Feind über 2 Stunden zurück gegangen sei. Die in der linken Flanke gestandenen Posten waren bei dessen Ankunft bereits eingezogen und gegen 40 Feuer zu Maskierung unseres Rückzuges auf einer weit größeren Linie, als die Front unseres Regiments einnahm, angezündet; nachdem die übrigen Posten ebenfalls beim Regiment eingetroffen, wurde Abends ½ 10 Uhr der Rückzug nach Kobryn in möglichster Stille angetreten.

Während dieses äußerst beschwerlichen Nachtmarsches wo wir das, einen feindlichen Überfall begünstigende Terrain bei Grubcize passierten, mussten alle militärischen Vorsichtsmaßregeln beobachtet werden.

Das Regiment traf den 26ten früh nach 6 Uhr auf dem Biwak bei Kobryn ein, ohne vom Feinde beunruhigt worden zu sein.

Sowohl durch die starken Märsche den 24ten und während der Nacht vom 25ten zum 26ten, als auch durch den am 25ten beschwerlichen Felddienst, wozu ⅔ des Regiments angewendet wurden, waren die Kräfte der Soldaten erschöpft, weshalb zu deren Schonung das Regiment den 26ten nur den gewöhnlichen Lagerdienst und das Piquet zu geben hatte.

Bei Kobryn war außer einigen Plänkereien mit den äußersten Vorposten der Ulanen in der Nacht vom 25ten und 26ten nichts vorgefallen; doch befanden sich während dieser beiden Nächte zu mehrerer Sicherheit die hier im Lager stehenden Truppen unterm Gewehr und das Regiment Niesemeuschel detachierte mit Einbruch der Nacht jedes Mal 2 Kompanien auf Bereitschaft in die jenseits der Stadt an der Dywyner Straße gelegenen Gärten.

Die am 26ten erfolgten Bewegungen des von Brzesc über Pulcow gegen Kobryn sich wendenden Feind, größtenteils aus Kavallerie bestehend und die an demselben Tage erhaltene Nachricht, dass eine andere feindliche Kolonne bereits bis in die Gegend Dywyn vorgerückt sei, deren avancierte Posten bis Ruchow und Blotta vorgeschoben, auch von unseren Kavallerie Patrouillen bemerkt worden waren, ließen mit Gewissheit einen Angriff auf Kobryn erwarten. Das 1ste Bataillon Niesemeuschel besetzte daher noch denselben Tag die Gärten bei dem hier an der Stadt an der Dywyner Straße gelegenen Vorwerk und der im Lager noch zurück gebliebene Teil des Regiments Niesemeuschel rückte Abends nach 8 Uhr mit seinen 4 Regiments Kanonen zur Reserve auf den Markt, von wo aus 2 Kanonen, kommandiert vom Artillerie Leutn. v.Glowacky, auf der Dywyner Straße zu den dort auf

Bereitschaft stehenden 2 Kompanien des Regiments Niesemeuschel detachiert wurden.

Um die zu beiden Seiten der Stadt durch die Muchawiez führenden Furten zu decken, rückten die 4 Kanonen des Regiments König auf den verlassenen Posten von Niesemeuschel und die 1ste Komp. unter den Befehlen des Prem.leutn. v.Röder als Deckung dieser Kanonen auf ihre beiden Flanken.

Auf die vom kommandierenden General Reynier am 26ten eingegangenen Ordre, wo möglich Brzesc wieder zu besetzen und ein starkes Kommando zur Deckung der Kriegskasse nach Pruzanny zu detachieren und häufige Rekognoszierungen auf der Straße nach Antopol zu machen, waren von dem General v.Klengel 2 Komp. des Regiments Niesemeuschel unter Kommando des Major v.Bose nach Maßgabe dieses Befehls nach Pruzanny detachiert.

Da das Regiment Niesemeuschel nach Abgang dieser 2 Kompanien nicht mehr stark genug war, um allen Dienst bestreiten zu können, so erhielt das Regiment König Abends 8 Uhr den Befehl, sofort 2 Kompanien nach Kobryn zu detachieren und an die Befehle des Major v.Schlieben zu verweisen. Abends ½ 9 Uhr gingen die 7te und 8te Kompanie diesen Befehl zu Folge dahin ab, erstere kommandiert vom Hauptm. v.Gersdorf und letztere vom Prem.leutn. v.Einsiedel, mehrere Unteroffz. und Gemeine wurden davon zur Verstärkung einiger Posten Feldwache detachiert, die übrigen blieben nächst dem Rest des Regiments Niesemeuschel unter Befehlen des Major v.Schlieben en Reserve auf dem Markt stehen.

Zur selbigen Zeit wurde auch der Sousleutn. v.Neitschütz mit 60 Mann auf der Tebeler Straße ohngefähr ¼ Stunde hinter dem Biwak des Regiments als Piquet aufgestellt.

Des Nachts um 12 Uhr ging der Major v.Bose an den Ort seiner Bestimmung ab.

Den 27ten früh um 2 Uhr ging die 2te und 6te Komp. vom Regiment ab, erstere unter dem Prem.leutn. v.d.Planitz 1te und letztere unter dem Hauptmann v.Bünau, um die in den Gärten an der Dywyner Straße in Bereitschaft stehenden 2 Kompanien des Regiments Niesemeuschel abzulösen.

Zugleich wurde der Hauptmann v.Ottenfeld mit 3 Offiziers und 185 Unteroffiziers und Gemeinen auf Feldwache nach Kobryn detachiert und von ihm folgende Posten besetzt:

1 Hauptmann v.Ottenfeld,

1 Sousleutn. Lischke,

5 Uffz., 1 Tamb., 60 Gem. en Reserve

1 Prem.leutn. v.d.Planitz 2te,

2 Uffz., 1 Tamb., 40 Gem. auf der Dywyner Straße

1 Sousleutn. Tod,

2 Uffz., 24 Gemeine Kirchhofpost

1 Uffz., 12 Gemeine Windmühlpost

1 Uffz., 9 Gemeine rechte Flanke des Lagers

1 Uffz., 6 Gemeine Furt rechts des Lagers

1 Uffz., 6 Gemeine linke Flanke des Kavallerie-
          lagers

<u>1 Uffz., 12 Gemeine in das Vorwerk vor der Reserve</u>

3 Offz., 14 Unteroffz., 2 Tamb., 169 Gemeine in Summa

Desselben Tages früh gegen ½ 4 Uhr, wo das Regiment unter Gewehr stand /: wenn nicht marschiert wurde geschah dies bei der Armee immer früh 3 Uhr :/ traf der größere Teil der 7ten und 8ten Kompanie, auch der Sousleutn. v.Neitschütz mit dem Piquet, wieder beim Regiment ein.

Als den 27ten früh gegen 4 Uhr von den äußersten Vorposten der Ulanen auf der Brzescer Straße die Meldung von der Annäherung des Feindes gemacht wurde, erhielt das Regiment nebst den wieder im Lager eingerückten Teile des Regiments Niesemeuschel und dem Rest der im Lager stehenden Ulanen bald darauf vom General v.Klengel den Befehl, mit möglichster Eile in die Stadt zu rücken und dort seine weiteren Befehle abzuwarten.

Es wurde sogleich Generalmarsch geschlagen und unter den Pren.leutn. v.Einsiedel unverzüglich die 8te Komp. zur Verstärkung der 1ten /: welche unsere Kanonen diesseits der Brücke deckte :/ vorgeschickt und 1 Unteroffz. mit 8 Gemeinen auf den Ort der Tebeler Straße, wo die vergangene Nacht der Sousleutn. v.Neitschütz auf Piquet gestanden hatte, als Avertissementsposten aufgestellt.

Nachdem das Regiment formiert war, welches nach Abgang aller bereits im Dienst sich befindlichen und detachierten Mannschaften noch in

      1 Oberst
      2 Major
     10 Offiziers
     <u>355 Mann</u>

Sa. 368 Mann bestehend, marschierte es mit klingendem Spiele in die Stadt nach dem Dywyner Schlage zu und machte Halt, noch ehe es den Schlag erreicht hatte.

Da das Regiment v.Niesemeuschel durch die Aufstellung seines 2ten Bataillons in einen Felde links der großen Straße Dywyner Straße und den hinter der Verzäunung eines rechts dieser Straße an der Vorstadt gelegenen Garten postierten Rest seines 2ten Bataillons die große Dywyner und die kleine Brzescer Straße, wo letztere auch noch besonders von dem Detachement des Hauptmann v.Ottenfeld /: Reserve der Feldwache :/ und 2 Kanonen besetzt war, so erteilte der General v.Klengel dem Oberst v.Göphardt den Befehl, die noch unbesetzte Antopoler und große Brzescer Straße zu verteidigen.

Diesen Befehl zu Folge detachierte der Obert v.Göphardt sofort den Major Bevilaqua mit
5 Offz., 116 Unteroffz. und Gemeinen auf die Antopoler Straße und marschierte mit dem ihm verbleibenden Rest nach dem Ausgange auf die große Brzescer Straße, welche bereits schon seit früh 2 Uhr durch die in den Gärten an der Dywyner Dywyner Straße auf Bereitschaft gestandene 2te und 6te Kompanie des Regiments, welche zusammen 3 Offz. und 240 Unteroffz. und Gemeine zählten, und 2 Kanonen unter dem Artillerie Leutn. v.Glowacky besetzt gehalten wurde. Zu Deckung des ihm links liegenden Terrains zwischen der großen und kleinen Brzescer Straße detachierte der Oberst v.Göphardt den Major v.Wolframsdorf mit
3 Offz., 6 Unteroffz. und 150 Gemeinen.

Eine Eskadron Ulanen unter den Befehlen des Major v.Geka war Anfangs zwischen der großen Dywyner und kleinen Brzescer Straße, rechts des Weges nach dem Helbiger Hofe aufgestellt; als aber die feindlichen Blänker den am Wirtshause an der

Brzescer Straße stehenden Vorposten der Ulanen zurückdrängten, rückte der Major v.Geka mit der Eskadron bis auf den Vereinigungspunkt der großen und kleinen Brzescer Straße vor, musste aber bald darauf, da er sich in der Schusslinie der am großen Brzescer Schlages aufgefahrenen Kanons des Leutn. v.Glowacki befand, sich etwas links ziehen, damit aus solchen die auf ihn gerichteten Kartätschenschüsse der beim Wirtshaus aufgefahrenen feindlichen Kanons beantwortet werden konnten.

Die 2te Eskadron unter den Befehlen des Major v.Piesport erhielt ihren Posten an der großen Dywyner Straße, ziemlich in gleicher Höhe mit dem Helbigs Hof.

Der Rittmeister Matthai mit der 3ten Eskadron blieb jenseits der Muchawiez; ihm wurde die Verteidigung der Furt, welche ohnweit des russ. Hospitals durch genannten Fluss führt, übertragen.

Ehe noch der Oberst v.Göphardt auf seinen Posten ankam, war der Hauptmann v.Bünau durch das Vordringen der russ. Blänker /: Kosaken :/ schon in die Notwendigkeit versetzt worden, zur Unterstützung des vor ihm stehenden Ulanen Postens /: 15 Pferde stark, von der Eskadron v.Geka detachiert :/ die Schützen von seiner Kompanie vorzuschicken, welchen er kurz darauf die der 2ten Komp. folgen ließ.

Es war ohngefähr ½ 7 Uhr als der Oberst v.Göphardt und der Major v.Wolframsdorf auf den ihnen zur Verteidigung übergebenen Posten einrückten, wo sich immer mehr feindliche Kavallerie auf der Brzescer Straße zeigte und bedeutende Abteilungen zum Blänkern vorschickte. Sobald der Oberst v.Göphardt dies bemerkte und glauben musste, dass des Feindes Absicht dahin ging, den an die Muchawiez gelehnten rechten Flügel seine vorpussierten Tirailleurs zu drängen, schickte er den Sousleutn. Allmer mit 20 Tirailleurs zur Unterstützung vor.

Dem Sousleutn. Allmer, welcher nun das Kommando über sämtliche Schützen auf diesem Flügel übernahm, glückte es durch die zweckmäßige Aufstellung und Verteilung seiner Schützen und das wirksam auf den Feind gemachte Feuer in Vereinigung mit den Blänkern der Eskadron v.Geka /: die von dem Leutn. v.Kracht kommandiert wurden :/ den weiteren Vordrängen der russ. Blänker Grenzen zu setzen.

Doch bald wurde der Angriff allgemeiner und die in und vor dem Holze beim Wirtshause an der Brzescer Straße angelangte und zum Teil en Ligne aufmarschierte Kavallerie soutinierte nicht nur die mit den Blänkern der Eskadron v.Geka schon früher engagierten Kosaken sondern nötigte auch den Major v.Geka zu Sicherstellung seiner linken Flanke eine andere Stellung mehr links rückwärts zu nehmen. Kaum hatte der Feind diese rückgängige Bewegung wahrgenommen, als auch schon mehrere Eskadrons größtenteils regulärer Kavallerie gegen ihn rückten, da aber ein mit der Front dieser Eskadron parallel laufender Graben das augenblickliche Verfolgen hinderte und sie nötigte, einige hundert Schritte weiter rechts diesen Graben zu umreiten, so gewann der Major v.Geka Zeit genug, sie auf einen für ihn zur Attacke vorteilhaften Terrain zu erwarten und sie in das Holz zurückzuwerfen. Ein gleiches Schicksal hatte auch die ungleich kleinere Kavallerie Abteilung, welche längs des kleinen Brzescr Straße vorkam und sich zur nämlichen Zeit auf die von Tirailleurs unterstützten Blänker seiner rechten Flanke warfen.

Die rückgängige Bewegung der Eskadron nötigte den Major v.Wolframsdorff nach seiner ursprünglichen Stellung eine obligate Richtung links zu nehmen, um seine linke Flanke vor dem etwaigen Angriff der feindlichen Kavallerie sicher zu stellen besonders da ihm die, die rechte Flanke der Eskadron v.Geka attackierende Kavallerieabteilung so nahe kam, dass er sie mit fertiggemachtem Gewehr erwarten musste.

Bevor noch oben erwähnte Attacke stattfand, wurde von den beiden, vor unsern Posten aufgefahrenen Kanonen, eins in der linken Flanke des Major v.Wolframsdorff platziert, um die längs der Brzescer Straße anrückende Kavallerie flankieren zu können, der Zweck wurde vollkommen erreicht, denn kaum war die feindliche Kavallerie geworfen, als dieses Kanon auch im Stande war, solche mit einem wirksamen Feuer zu verfolgen; es kehrte hierauf wieder auf seinen Posten zurück.

Nach dem verunglückten Unternehmen des Feindes auf die Eskadron v.Geka, detachierte solcher gleich darauf mehrere Kavallerieabteilungen gegen den Posten des Obersten v.Göphardt; als sich solche den Posten näherte, gab der Oberst der Artillerie Befehl, ihr Feuer anzufangen. Mit erwünschtem Erfolg begrüßte die beiden 4-Pfünder die in zerstreuter Ordnung sich uns nahende Kavallerie, die, nachdem sie einige Schuss ausgehalten, sich auf ihren Haupttrupp zurückzog.

Unser angefangenes Artilleriefeuer beantwortete der Feind auf das Lebhafteste aus einer, auf der Brzescer Straße, diesseits des daran gelegenen

Wirtshauses, aufgefahrenen Batterie aus 4 Kanonen und 1 Haubitze bestehend. Ihr Feuer war zwar anhaltend aber keineswegs für uns sehr schädlich.

Bis gegen 9 Uhr konnte das Kanonieren auf dieser Seite gedauert haben, als man wahrnahm, dass eine Kolonne Kavallerie vom Walde beim Wirtshause und der Brzescer Straße her gegen die dort befindliche Furt durch die Muchawiez defilierte. Obgleich einige Kanonenkugeln sie erreichten und die Tirailleurs unserer rechten Flanke ihre vorgeschickten Blänker auf die Kolonne zurückwarfen, so war dies nicht hinreichend, diese Masse von ihrem Vorhaben abzuhalten; sie passierte die Furt, zog sich jenseits um den Morast bis auf den von Melnicky kommenden Weg, wendete sich dann gegen die Pruzannaer Straße und nahm daselbst Posten.

Die beim Wirtshause stehende Batterie rückte, gedeckt von zahlreicher Kavallerie, immer näher gegen uns an und mehrere Kavallerietrupps, welche am diesseitigen Ufer sich auf unsere rechte Flanke zogen, zwangen unsere Tirailleurs, das freie Feld zu verlassen und sich hinter die Zäune der den Posten rechts befindlichen Gärten der Stadt zu ziehen. Lebhafter als je feuerte diese Batterie auf unsern Posten und bald zeigte sich auch eine zweite feindliche Batterie von 4 Piecen rechts der ersteren und eine reitende Batterie von gleicher Stärke auf der Höhe links, ohnweit des Russischen Hospitals.

In der wirksamsten Schussweite dreier Batterien stehend, deren Schusslinien konzentrisch gegen die hier aufgestellten Posten liefen, waren letztere jetzt ohne allen Zweck deren Feuer ausgesetzt; und da aus Mangel an Infanterie nur Kavallerie in Gemeinschaft mit der Artillerie gegen solche agieren konnte, so erachtete der Oberst v.Göphardt, dass bei zweckmäßiger Besetzung der zunächst den Posten gelegenen Hecken und einzelnen Häuser der Feind nichts gegen ihn zu unternehmen vermochte und zog sich gegen ½ 10 Uhr mit beiden Detachements in den Eingang der hinter ihm liegenden großen Brzescer Gasse, welche auf den Markt führt, zurück und übertrug dem, mit den Tirailleurs bis in die Gärten zurückgedrängten Leutn. Allmer, die Verteidigung der Umgebungen des großen Brzescer Schlages sowie die Deckung der am Eingang wieder aufgefahrenen 2 Kanonen des Leutn. Glowacky.

Nachdem eine Abteilung feindlicher Jäger und mehrere Eskadrons sich bis gegen das russische Hospital vorgezogen und Miene machten in dem, diesem Hospital zunächst liegenden Teile der Stadt einzudringen, erhielt der Oberst v.Göphardt ohngefähr um 10 Uhr von dem General von Klengel den Befehl, seinen vorigen Posten wieder einzunehmen und durch abzuschickende Detachements in seine rechte Flanke das weitere Vordringen des Feindes abzuhalten. Es wurde zu diesem Ende der Sousleutn. v.Zeschau mit 22 Unteroffz. und Gemeinen dahin detachiert.

Als solcher sich gegen das russ. Hospital ausdehnte, zwang in sowohl die, auf der ohnweit des russ. Hospitals gelegenen Höhe, aufgefahrene reitende Batterie, von einer starken Kavallerieabteilung gedeckt, als auch das Gewehrfeuer der im Hospital Posto genommen Jäger, sich hinter die Zäune der Gärten und der darin befindlichen Häuser zurückzuziehen, in welcher Stellung er auch beinahe 2 Stunden unsere rechte Flanke deckte.

Mittlerweile wurde vom Oberst v.Göphardt zu Besetzung des, dem großen Brzescer Schlage zunächst gelegenen Eingang in die Stadt der Premleutn. v.d.Palnitz 1te mit 25 Unteroffz. und Gemei-nen und auf Befehl des Generals von Klengel der Sousleutn. v.Neitschütz mit 60 Mann zur Verstärkung auf die Schanze abgeschickt.

Der zu derselben Zeit von dem Major v.Wolframs-dorff in die linke Flanke detachierte Leutn. Allmer mit 33 Unteroffz. und Gemeinen stieß auf herum-schwärmende Kosaken und als sie sich nach einiger Zeit gegen die kleine Brzescer Straße zu zogen /: welche jetzt von unserer Kavallerie verlassen war :/ sah er sich genötigt weiter links auszubreiten, um durch die Deckung der hier befindlichen Gärten und der durch sie führenden Wege unsere linke Flanke zu sichern. Durch die herbeieilenden feindlichen Jäger wurde er jedoch in die Notwendigkeit versetzt, sich hinter die in seinem Rücken gelegenen Gärten und Scheunen zurück zu ziehen, was ihn in den Stand setzte, diesen Posten aufs Wirksamste verteidigen zu können.

Obgleich der Posten des Obersten v.Göphardt und der des Major v.Wolframsdorff während dieser ganzen Zeit nicht zum kleinen Gewehrfeuer kamen, so hatten sie doch bis gegen 12 Uhr, wo von dem General v.Klengel der Befehl zum Rückzug bis auf den Markt gegeben wurde, das lebhafte Kartätsch-, Kugel- und Grenadfeuer der 3 erwähnten Batterien auszuhalten, welche vom Angang der Kanonade an nur von den 2 hier platzierten Regimentskanonen erwidert werden konnte und von welchen in der letzten Zeit die Maschine der einen Kanone durch eine feindlichen Kanonenkugel in der Art noch unbrauchbar gemacht wurde, dass es bloß auf

einen Punkt gerichtet werden konnte. Beim Rück-
zuge erhielt der Leutn. v.Glowacky vom General von
Klengel Befehl, mit seinen 2 Kanonen auf die
Schanze zu fahren.

Mit Zurücklassung sämtlicher Tirailleurs unter dem
Leutn. Allmer und v.Zeschau und des Postens des
Leutn. v.d.Planitz 1te zogen sich beide Detachements bis an dem Markt zurück, woselbst er zur
Verteidigung der großen Brzescer Gasse vor
selbigen aufmarschierte und hierauf den Leutn.
v.Kloppmann mit einer halben Division zu Deckung
der angekommenen 2 Kanonen unter dem Leutn.
Kayser bis auf den verlassenen Posten wieder
vorschickte.

In die links auf unsere Stellung führenden kleineren
Gassen wurden Tirailleurs detachiert und eine aus
der linken Flanke des Postens gegen die kleine
Brzescer Straße führende größere Gasse verram-
melt.

Der Leutn. Kayser hatte kaum sein Feuer ange-
fangen, als solcher auf Befehl des Obersten
v.Göphardt 1 Kanon, kommandiert vom Korporal
.... zurückschicken musste, um es gegen den
in der kleinen Brzescer Gasse, welche durch ein
Detachement des Regiments Niesemeuschel
besetzt war, mit Macht eindringenden Feind
aufzufahren.

Eine Stunde später, wo die auf der Andopoler
Gasse immer weiter vordringenden Russen, ohne
Geschütz von dem diesen Eingang verteidigenden
Detachement des Major Bevilaqua nicht mehr
aufzuhalten waren, musste der Leutn. Kayser auf
erhaltenen Befehl des General v.Klengel seinen
Posten verlassen und sein Kanon eiligst vor der in

genannter Gasse befindlichen Brücke zur Verteidigung auffahren lassen.

Der Leutn. v.Kloppmann, welcher mit dem 2ten Kanon zurückging, schloss sich wieder an das Detachement des Obersten v.Göphardt an.

Während der Zeit, als letzterwähnte Kanonen vor den Brzescer Schlage aufgefahren, ging auf Befehl des Majors v.Wolframsdorff ein Teil der Tirailleurs des Leutn. v.Zeschau mehr links, um sich mit denen des Leutn. Allmer zu vereinigen, da die feindlichen Jäger bereits diese Lücke zu benutzen suchten.

Der Major Bevilaqua, welcher wie schon zuvor erwähnt zur Deckung der Antopoler Straße detachiert wurde, nahm seine Stellung ohngefähr 1.200 Schritt vom äußersten Ende der Stadt auf genannter Straße jenseits einer Brücke, welche über einen trockenen Graben führt, auf dem Vereinigungspunkt der Antopoler Straße mit einem von der kleinen Dywyner Straße herkommenden Wege, er detachierte vorwärts auf der Straße nach Antopol den Sousleutn. v.Rohrscheid und auf der kleinen Dywyner Straße den Sousleutn. Lecoq, ersteren mit 20 Mann und letzteren mit 25 Mann.

Dem Leutn. Tod, welcher mit 26 Mann seit früh 2 Uhr an erstgedachter Straße beim Kirchhofe auf Vorposten stand, erteilte er den Befehl, sich von nun an als einen von ihm detachierten Posten zu betrachten.

Kaum waren diese nötigen Sicherheitsposten aufgestellt, als die Equipage und Vivres Wagen der Brigade dessen Posten passierten, um nach Antopol zurückzufahren, da selbige wegen der gänzlichen Untauglichkeit der Brücke bei Lutzicky den Weg nach Chomsk, der ihr zum Rückzuge vorgeschrieben war, nicht hatten verfolgen können; teils musste solche bis nach der Kobryner Brücke zurückfahren, teils passierte sie die ohnweit des Gottesackers befindliche Furt durch die Muchawiez, um auf der Antopoler Straße genannten Ort zu erreichen.

Nach Verlauf von ohngefähr ¾ Stunden bemerkte der Major Bevilaqua, dass eine starke Kavallerie Kolonne, größtenteils aus Dragonern, Husaren und Ulanen bestehend, nebst einer reitenden Batterie sowie auch einer zahlreichen Infanterie, unter welchen Jäger waren, von der Dywyner Straße her gegen die Antopoler Straße defilierte und als erstere mehrere Truppen gegen die letztgenannte Straße detachierte, die den auf solcher vorpussierten Sousleutn. v.Rohrscheidt nötigten, auf den Hauptposten zurückzugehen und in die, eine kleine Viertelstunde von dessen Posten entfernten Vivres Wagen einfielen, andere Kavallerie auch seine rechte Flanke bedrohten, so sah er sich in die Notwendigkeit versetzt, ein Karree zu formieren, an welches sich die Bedeckung derjenigen Vivres Wagen des Regiments, so sich verspätet hatten und in die Vorstadt zu einfuhren, freiwillig anschlossen.

Die feindliche Kavallerie breitete sich so schnell aus, dass der auf die kleine Dywyner Straße detachierte Leutn. Lecoq durch einen zwischen ihm und dem Posten des Major Bevilaqua durchgegangenen Kavallerie Trupp abgeschnitten gewesen wäre, wenn er nicht unter Begünstigung des hohen Korns sich auf den Hauptposten hätte zurückziehen können. Aus gleichen Ursachen musste der Leutn. Tod den Posten verlassen und sich an den Hauptposten heranziehen.

Die schon erwähnte feindliche Batterie fuhr nun, gedeckt durch ihre Kavallerie, auf der Straße in dessen Front und eine während dieser Zeit angekommene Fußbatterie in seiner rechten Flanke auf, beide Batterien führten Haubitzen bei sich.

Während sich die feindliche Infanterie immer mehr gegen den Rücken seiner rechten Flanke manövrierte und diese beiden Batterien ihr Feuer anfingen, brachte der Leutn. Aster vom General v.Klengel den Befehl, dass dieser Posten sich bis an die ersten Häuser der Vorstadt zurückziehen solle; worauf der Major Bevilaqua unter Deckung seiner Flanken durch den Leutn. Tod und v.Rohrscheid, verfolgt von dem Feuer beider Batterien seinen Rückzug antrat.

Gedeckt von Jägern schickte der Feind 1 Kanon auf der Straße vorwärts, welches sich chargierend den Major Bevilaqua bis auf Kartätschen Schussweite näherte und ein unausgesetztes Feuer auf dessen Detachement unterhielt.

Als der Major Bevilaqua vor der Stadt Posten genommen hatte, wohin ihm der ebenfalls auf dieser Straße gestandene Ulanen Posten des Leutn. v.Pflugk 30 Pferde stark gefolgt war und nun sogleich die Eingänge der Stadt in seiner linken Flanke durch die zurückgebliebenen Vivre Wagen dort verbarrikadiert wurden, griff die, auf dem Fuß gefolgte Kavallerie und Infanterie die Tete und Flanke des Karrees mit Ungestüm an; durch die wohlangebrachte und entschlossene Attacke des hinter dem Karree aufmarschierten Leutn. v.Pflugk und dem Feuer der Flankenzüge wurde solche völlig zurückgewiesen.

Die in diesem Ausgange postierte Kompanie des Hauptmann v.Metzradt Regiment Niesemeuschel nebst 1 vom Feuerwerker Kenne kommandiertes Kanon wurde nach dem hier Eintreffen des Major Bevilaqua zur Verstärkung auf die Schanze geschickt.

Der Feind, durch die wiederholten fruchtlosen Angriffe auf das Karree überzeugt, dass es ihm auf diese Art nicht gelingen werde, hier den Eingang in die Stadt zu forcieren, fing nun an die Vorstadt mit Granaten zu bewerfen, es gelang ihm, mehrere Häuser in Brand zu stecken. Das nicht zu hindernde schnelle um sich greifen des Feuers und die durch die Gärten eindringende überlegene Infanterie nötigte den Major Bevilaqua sich bis hinter die am Ende der Gasse über einen Graben führende Brücke zurückzuziehen. Als solcher daselbst Posten genommen hatte, detachierte er nach den ersten Häusern in seiner linken Flanke den Leutn. Tod mit ohngefähr 20 Mann, den er wegen Überlegenheit der feindlichen Tirailleurs nach und nach bis auf 30 Mann verstärken musste.

Der Leutn. v.Rohrscheid wurde rechts der Brücke postiert und da auf dieser Seite der Feind alles anwendete, um in das Innere der Stadt einzudringen und dessen Detachement zu schwach war, ihm länger widerstehen zu können, so ging auf Befehl des Major Bevilaqua der Prem.leutn. Hille mit mehreren Freiwilligen ihm zum Soutien vor. Befeuert von den braven Benehmen dieses Offiziers taten seine Leute sowie auch die beiden Flankenzüge den Feind sehr viel Abbruch.

Das von den Feinde vorpussierte Kanon rückte während diesen bis auf 200 Schritt gegen die Brücke an, der Leutn. Tod brach in diesem Moment mit dem größten Teil seines Detachements vor und nötigte den Feind das Kanon zu verlassen, die in diesem Augenblick zur Unterstützung herbeieilende Linieninfanterie und Ulanen zwangen aber den Leutn. Tod seinen vorigen Posten wieder einzunehmen.

Nachdem der Major Bevilaqua ohngefähr ¼ Stunde diesen Posten besetzt haben konnte und zu welcher Zeit im ganzen Umkreis der Stadt auf Befehl des General v.Klengel sich alle Hauptposten bis auf den Markt zurückziehen mussten, wurde er noch ein Mal mit einer sehr zahlreichen Kavallerie angegriffen, die entschlossen längs der Antopoler Gasse bis an die Brücke vordrang, aber von dem wirksamsten Feuer empfangen mit vielen Verlust zum Rückzuge genötigt wurde. Des erhaltenen Befehls zu Folge ging hierauf unter Zurücklassung der von ihm detachierten Offiziers solcher bis auf den Markt zurück. Der Leutn. v.Plugk hatte sich bereits mit seinem Ulanen Detachement an seine ihn auf dem Markt erwartende Eskadron angeschlossen.

Der Prem.leutn. v.d.Palnitz 2te, welcher auf der Dywyner Straße auf Vorposten gestanden und bis jetzt die Affaire beim Regiment Niesemeuschel, auf welches er sich zurückgezogen, abgewartet hatte, traf nun beim Posten des Major Bevilaqua ein, wo er durch das Besetzen mehrerer Häuser die Eingänge von der kleinen Dywyner Straße her und dessen rechte Flanke verteidigte.

Früh gegen 8 Uhr wurde die Annäherung einer 2ten feindlichen Kolonne auf der großen Dywyner Straße von den Vorposten der 20 Pferde starken Feldwache des Sousleutn. v.Einsiedel, der auf dieser Straße aufgestellten Eskadron v.Piesport bemerkt, von welcher auch bald mehrere Eskadrons in scharfem Trabe vorrückten, en Ligne aufmarschierten, die Vorposten zurücktrieben und gegen die Feldwache blänkerten: letztere musste der Übermacht weichen und sich auf die Eskadron zurück ziehen, worauf der Feind eine Abteilung links gegen den in der rechten Flanke des Major v.Piesport gelegenen Helbigshof detachierte und genannten Major veranlasste, da die weiter in seiner rechten Flanke aufmarschierten Eskadron v.Geka ebenfalls von einem Angriffe der am Wald ohnweit der Brzescer Straße aufmarschierten Kavallerie bedroht wurde, sich mehr rechts bis über den Weg, so auf den Helbigshof führt, zu ziehen. Die feindlichen Eskadrons folgten, zogen sich teils um, teils durch den Helbigshof und marschierten hart vor solchem gegen die Eskadron Piesport auf.

Der Major v.Piesport verlor kaum Zeit, die unzweckmäßige Aufstellung dieser Eskadrons zu benutzen, attackierte und warf sie in den weitläufigen Helbigshof.

Da der größte Teil bei dem erlittenen Echec sich auf den breiten Eingang dieses Hofes warf, so war das Verstopfen desselben die natürliche Folge und ein großer Teil der Feinde wurde hier von der verfolgenden Eskadron teils niedergemacht, teils blessiert.

Weil der Major v.Piesport, ohne Soutien hinter sich zu wissen, eine Verfolgung bis in das Innere des Hofes bei der großen Überlegenheit des Feindes nicht wagen durfte, wenn er nicht fürchten wollte in solchen eingeschlossen zu werden, so hatten die feindlichen Eskadrons Zeit, sich hinter dem Hof wieder zu formieren und hielten solchen selbst durch eine Abteilung besetzt.

Während der Major v.Piesport seine Eskadron wieder formierte und bis auf die gehabte Stellung zurückging, kam der Prem.leutn. v.Einsiedel mit der 8ten Komp. und 2 Kanonen unter dem Prem.leutn. Kayser, welcher seit früh ½ 8 Uhr vereint mit der 1ten Komp. unter dem Prem.leutn. v.Röder en Reserve auf dem Markt gestanden hatte und von welchen letztere zu gleicher Zeit zur Verteidigung der Brücke abgegangen war, zum Soutien dieser Eskadron an, wo er sein Detachement dermaßen aufzustellen hatte, dass beide halbe Divisionen mit einer Distanz von ohngefähr 40 Schritt einen ausgehenden Winkel formierten, die linke Flanke perpendikulär auf den Weg nach Helbigshof gerichtet. Die 2 Kanonen fuhren in dessen linker Flanke auf genannten Wege auf.

Hierauf erhielt der Major v.Piesport Befehl, sich hinter die Infanterie zu ziehen und bis an die Gärten der Vorstadt zurückzugehen, auf welchen Punkt auch die Eskadron v.Geka, nachdem sie den Feind ins Holz zurückgeworfen hatte, auf Befehl sich einfand.

Der Leutn. Kayser suchte nun durch sein Kanonenfeuer den Feind sowohl aus dem Helbigshof zu delogieren, als auch ihn zu nötigen, seine Stellung hinter diesem Hofe zu verlassen, doch blieb solcher unbeweglich, weil die großen massiven Gebäude ihn hinlänglich gegen das Feuer schützten. Da aber zu befürchten stand, dass von der weiter hinten am Holze auf der großen Dywyner Straße angekommenen starken Avantgarde des Tormassowschen Korps, aus allen regulären Truppengattungen bestehend, deren größter Teil sich zwar längs des Holzes gegen die Antopoler Straße hin zog, ein Detachement nach diesem Hofe geschickt werden könnte, um sich dort sicher und bequem zum Angriff auf die Stadt zu formieren, so ging auf Befehl des General v.Klengel gegen 9 Uhr der Leutn. v.Einsiedel mit einer halben Division nach diesem Hofe und steckte ihn in Brand.

Zwischen 10 und 11 Uhr erhielten die beiden Eskadrons v.Geka und v.Piesport Befehl, sich auf den Markt zurückzuziehen, wo sie von der bereits hier eingetroffenen Eskadron Matthaii erwartet wurden und welche nach 9 Uhr die Stellung an der Furt auf dem jenseitigen Ufer verlassen musste, da die auf dieser Seite angekommene, die Straße nach Pruzanny besetzt haltende, sehr zahlreiche Kavallerie sie bei einem längeren Aufenthalt daselbst abgeschnitten haben würde; sie ging auf Befehl des General v.Klengel nach Verlassung dieses Postens auf die Antopoler Straße und nahm eine Stellung auf selbiger bei den rechts davon gelegenen Gottesacker, ging aber nach kurzer Zeit auf den Markt zurück.

Der Zweck dieser Vereinigung ging dahin, einen möglichen Versuch des Durchhauens zu wagen, da man, im Fall nicht ein starker Succurs ankäme, mit Bestimmtheit unsere Gefangennehmung voraussehen konnte, denn schon war die Besatzung von Kobryn von mehr als 20.000 Mann eingeschlossen und auf das Lebhafteste aus 6 Batterien beschossen, weiter rückwärts marschierte das Tormassowsche Korps längs dem Saume des beim Brülower Hof gelegenen Holzes mit dem rechten Flügel an der Antopoler Straße en Ordre de Bataille auf. Im freien Felde konnte sie daher nichts mehr effektuieren und zwecklos wurde sie in der Stadt niedergeschossen.

Mit Bewilligung des General v.Klengel setzte sich daher der Oberst v.Zezschwitz an die Spitze seines Regiments, marschierte über die Brücke und hoffte, da jenseits der Muchawiez noch keine feindliche Artillerie angekommen war, auf dem Wege nach Pruzanny seinen Zweck am ersten zu erreichen, als solcher aber über die letzten Häuser der jenseits gelegenen Vorstadt hinauskam, ersah er die Unmöglichkeit seines Vorhabens, denn eine wohl 6mal überlegenen Kavallerie rückte gegen ihn an und nötigte ihn ohne aufmarschieren zu können unter Deckung zurückgelassener Blänker, kommandiert vom Prem.leutn. v.Bärenstein, wieder in die Stadt zurück zu gehen, woselbst sie dann in dem Klosterhofe Halt machte und das Ende der Affaire ruhig erwarten musste.

Bis gegen 12 Uhr hatte auf der Dywyner Seite der Stadt, außer dem Gefecht des Major v.Piesport , ein weiterer Angriff auf das hier postierte Regiment Niesemeuschel und den Posten des Leutn. v.Einsiedel nicht stattgefunden, denn der Feind hielt sich während des Anrückens seiner Kolonnen auf der Brzescer und Antopoler Seite immer in schußsicherer Entfernung, nur die beiden Kanonen des Leutn. Kayser feuerten mehrere Male auf die von Brzesc kommende, hinter dem Helbiger Hof gegen die kleine Dywyner Straße defilierende Kavallerie.

Hierauf wurde unter mehreren Detachements auch die 6te Kompanie unter dem Hauptmann v.Metzradt zur Verbindung mit dem Detachement des Major Bevilaqua und des Regiments und Deckung dieses unbesetzten Terrains links detachiert; später, wo genannter Major von allen Seiten von einer sehr zahlreichen Kavallerie bedroht wurde, auf die Antopoler Straße detachiert und nach dessen

Rückzug bis an die Vorstadt mit der daselbst eingetroffenen Kanone zur Verstärkung auf die Schanze abgeschickt.

Zu Folge des gegen 12 Uhr vom General v.Klengel auf allen Punkten anbefohlenen Rückzug bis auf den Markt, da eine längere Verteidigung der äußeren Umgebung, der gegen Brzesc und Antopol gelegenen Vorstädte, nicht mehr möglich war, verließ der Rest des Regiments v.Niesemeuschel seine bisher gehabte Stellung, marschierte auf dem Markt en Colonne auf und detachierte von hier aus den größten Teil der Mannschaft zur Verteidigung der Dywyner Gasse und der davon links gelegenen Eingänge in die Stadt bis an die Antopoler Gasse, welche vom Major Bevilaqua verteidigt wurde, zu derselben Zeit erhielt auch der Prem.leutn. Kayser Befehl, mit seinen 2 Kanonen zurückzugehen und den verlassenen Posten des auf die Schanze detachierten Leutn. v.Glowacky einzunehmen, um die große Brzescer Straße zu verteidigen.

Dem Leutn. v.Einsiedel hingegen wurde die Verteidigung der hinter dem Kloster befindlichen Gärten und Eingang der Stadt von der Muchawiez übertragen, worauf solcher bis an die dort befindlichen Scheunen vorging, ein zwischen der Muchawiez und dem russ. Hospital aufgefahrenes Kanon und das Gewehrfeuer der im Hospital postierten Jäger hinderten ihn, weiter vorgehen zu können. Auf dessen Meldung an den General v.Klengel, dass er den fortwährenden Kartätschenfeuer dieses Kanons nichts entgegen zu setzen habe, erhielt er von der Schanze 1 Kanon, kommandiert vom Feuerwerker .... Mittlerweile detachierte der Feind ein anderes Kanon jenseits der Muchawiez in seine rechte Flanke, als aber von der Schanze ein zweites

Kanon, kommandiert vom Korporal ...... zur Unterstützung herbeifuhr, verstärkte der Feind jedes der
seinen um ein Kanon.

Um die Mannschaft nicht ohne Not diesem vernich-
tenden Feuer Preis zu geben, benutzte der Leutn.
v.Einsiedel das in der Nähe seines Postens
übereinander liegende Bauholz als Brustwehr.
Durch diese vorteilhafte Platzierung seines Detachements war er im Stande, bis zu seinem Rückzug
nach dem Kloster ein unausgesetztes Feuer auf den
Feind zu unterhalten, da das auf ihn gerichtete
Geschütz nun fast ohne allen Erfolg gegen ihn
agierte.

Der Prem.leutn. v.Röder, welcher mit der 1ten
Kompanie nach 8 Uhr zur Verteidigung der Brücke
ankam, postierte zu diesem Zweck eine halbe
Division auf und zu beiden Seiten derselben, mit der
zweiten halben Division detachierte der den Leutn.
v.Rockhausen auf die Tebeler Straße, welcher bis
an den Punkt vorging, wo der vom Regiment zurück
gelassene Unteroffz. mit 8 Ulanen als Avertisse-
mentsposten aufgestellt war.

Als nach 9 Uhr der Ritmeister Matthäi, welcher
jenseits der Muchawiez anhier postiert war, durch
die den Fluss passierte feindliche Kavallerie
gezwungen wurde, sich in die Stadt zurück zu
ziehen, musste auch der Leutn. v.Rockhausen, der
zu Deckung dessen rechter Flanke herbeigeeilt war,
sich ebenfalls nach der Brücke zurückziehen.

Gedrängt von feindlicher Kavallerie passierte er
tiraillierend die auf dieser Seite gelegene Vorstadt
und das daran gelegene Hölzchen, erreichte die

Brücke bald danach als sie von der Eskadron Matthäi passiert war.

Die rasche Verfolgung der feindlichen Kavallerie machte das Aufziehen der Brücke unmöglich, weshalb der Leutn. v.Röder ohne Zeitverlust mit seiner halben Division auf der Brücke zur Verteidigung vorging und den auf sie gemachten Angriff durch sein wirksames Gewehrfeuer zurückwies; den eben angekommen Leutn. v.Rockhausen mit der anderen halben Division die Verteidigung des diesseitigen Ufers und der oberhalb der Brücke befindlichen Furt überließ. Dem Feinde, welchem daran gelegen war sowohl die Brücke als die ober- und unterhalb derselben gelegenen Furten zu forcieren, griff zum wiederholten Male mit Ungestüm diesen Posten an, wurde aber durch die standhafte Verteidigung dieses Detachements jedes Mal zurück gewiesen. Der Feind steckte hierauf die jenseitigen Vorstädte und die am 24ten und 26ten von uns erbauten Baracken in Brand und zog sich auf die weiter rückwärts an der Pruzanner Straße postierte Kavallerie zurück.

Dem Leutn. Lischke, welcher zu dieser Zeit das Terrain hinter dem Kloster verteidigte, musste der Leutn. v.Röder auf erhaltenen Befehl des General v.Klengel 1 Unteroffz. 20 Gemeine zur Unterstützung schicken.

Als die auf der Höhe beim Hospital stehende Batterie ihr Feuer, wegen des vom Posten des Oberst v.Göphardt erfolgten Rückzugs, in die große Brzescer Gasse auf das die Brücke verteidigende Detachement richtete, so wurde zu dessen Erwiderung 1 Kanon, kommandiert von ...., von der Schanze auf die Brücke detachiert.

Gegen 12 Uhr löst ein Detachement vom Regiment v.Niesemeuschel unter dem Leutn. Allmer und Zezschwitz den Leutn. v.Röder ab, letzteren wurde nun die Verteidigung des von der Brücke bis zur Schanze gehenden Weges übertragen.

Der Hauptmann v.Ottenfeld, welcher, wie zuvor erwähnt, den 27ten früh 2 Uhr mit 3 Offz. 185 Unteroffz. und Gemeinen auf Feldwache kommandiert war und für seine Person mit 1 Offz. 66 Unteroffz. und Gemeinen auf Reserve bei dem vor dem Dywyner Schlage seienden Vorwerk stehen blieb, bemerkte früh nach 5 Uhr ebenfalls die auf der Brzescer Straße angelangte russ. Kavallerie; auf seine deshalb an den eben auf seinem Posten angekommen Oberst v.Zezschwitz gemachte Meldung erhielt er von solchen den Befehl, die kleine Brzescer Straße ohnfern des Eingangs in die Stadt zu besetzen und die ihm zuzuschickenden 2 Kanonen zu decken. Bald darauf kamen auch 2 Kanonen, kommandiert vom Feuerwerker Kenne bei ihm an und fuhren zur Verteidigung erwähnter Straße auf.

Nach 8 Uhr, wo der Leutn. Kayser mit 2 Kanonen unter Deckung der 8ten Kompanie vor den Gärten der Stadt auf dem Wege nach dem Helbigs Hof Posto genommen hatte, ging auf Befehl des General v.Klengel vom Posten des Hauptmann v.Ottenfeld 1 Kanon auf der Antopoler Straße zu dem daselbst stehenden Detachement des Hauptmann v.Metzradt ab. Als aber von der, hinter den Häusern der jenseits der Muchawiez gelegenen Vorstadt, sich rallierenden Kavallerie neue Angriffe auf die Brücke zu erwarten waren, erhielt der

Hauptmann v.Ottenfeld Befehl, sich mit seinem Detachement und der noch habenden Kanone, kommandiert vom Korporal Sonntag, in möglichster Eile auf die, die Brücke und das jenseitige Ufer dominierende Schanze zu begeben.

Eine Stunde konnte solcher bereits auf der Schanze gestanden haben, wie er den bei sich habenden Leutn. Lischke mit 1 Unteroffz. und 20 Mann zur Verteidigung der Gärten hinter denselben detachieren musste, kurz darauf aber selbst mit dem Rest seiner Mannschaft die oberhalb der Brücke befindliche Furt decken; als aber die feindliche Kavallerie weiter oberhalb /: ohngefähr der Apotheke gegenüber :/ teilweise den Fluss passiert hatte, erhielt der Hauptmann v.Ottenfeld Befehl, mit seinem Detachement abermals auf die Schanze zu kommen, von wo aus man dann dem, den Fluss passierten Feinde das Eindringen in die Stadt durch das lebhafteste Kartätschen- und Gewehrfeuer unmöglich zu machen suchte.

Da Kobryn von den feindlichen Granaten in Brand gesteckt und von allen Seiten der so überlegene Feind auf unsere zu geringe Streitmacht anrückte, welche jetzt zu schwach wurde, die äußersten Umgebungen der Stadt gegen ihn decken und verteidigen zu können, zogen sich sämtliche Detachements zu Folge des schon mehrere Male erwähnten Befehls des General v.Klengel gegen 12 Uhr bis auf den Markt zurück. Konzentriert wurde unsere Verteidigungslinie in sich fester, von neuen furchtbar und verderbend unsere Waffen dem Feinde.

Die mögliche Ausführung des vom kommandierenden General erhaltenen Befehls blieb der Zweck unseres tätigsten Handelns, den Namen unserer

Nation und sein Zutrauen zu rechtfertigen, war keinem das Leben zu teuer.

Während dieses äußerst hitzigen Gefechts kam auf einmal die Nachricht, dass die Brigade Sahr zur Unterstützung angekommen sei. Ein lautes Jubelgeschrei – es lebe der König! es lebe die Brigade Sahr! überschrie das von beiden Seiten lebhaft unterhaltene Kanonen- und Gewehrfeuer und äußerte unverkennbar den guten Geist und dass Gefühl für Pflicht und Ehre, welches vom Anfang der Affaire an die hier fechtenden Sachsen beseelte. Leider wurden wir aber kurze Zeit darauf von der Nichtigkeit dieser freudigen Nachricht, welche ein jenseits der Muchawiez sich formierendes Detachement russ. Leichter Infanterie /: deren Uniform fast ganz der, der unsrigen gleicht :/ veranlasst hatte, überzeugt.

Bis gegen ½ 2 Uhr dauerte das Gefecht in dieser Stellung noch fort, als der Mangel an Munition bei der Artillerie und dem größten Teil der Infanterie eintrat, weshalb der General v.Klengel den weiteren Rückzug bis in das, ohnweit der Brücke gelegene Kloster und auf die dabei gelegene alte Schanze, diesseits der Muchawiez anordnete.

Der Major Bevilaqua trat diesen Rückzug an, ihm folgte der Major v.Schlieben und diesem der Oberst v.Göphardt.

Der Major Bevilaqua besetzte sogleich bei seinem Eintreffen im Kloster die untersten Eingänge und die Fenster des 1ten Stockwerk, detachierte den Leutn. Hille die äußerste Umgebung hinter dem Kloster zu verteidigen sowie den Leutn. Lecoq gegen die Schanze zu, um die unter der Schusslinie sich nahenden Feinde zurück zu weisen.

Der Leutn. v.Röder und v.Einsiedel sowie alle in den Gärten und Häusern detachierten Tirailleurs zogen sich fechtend nach dem Kloster zurück.

Von dem Feinde auf dem Fuße verfolgt, hatte sich eben, unter Deckung des vom Major Bevilaqua aus allen Fenstern des Klosters auf den Feind machenden Feuers, die Infanterie zum neuen formiert, als die den Klosterhof dominierende Schanze mit Sturm von dem Feinde genommen ward.

Die Munition fast ganz verschossen /: denn nur wenige Soldaten hatten noch einen kleinen Vorrat in ihren Taschen :/ waren wir nun nicht mehr im Stande dem von allen Seiten gegen das Kloster vorrückenden Feind Widerstand zu leisten.

Vergebens waren unsere Hoffnungen auf Unterstützung während eines 9stündigen Gefechts und unabänderlich drang sich die Überzeugung auf, dass der Befehl des kommandierenden Generals in wenigen Augenblicken erfüllt sein werde.

Der General v.Klengel ließ Schamade schlagen und 76 Stabs- und Oberoffiziers und 2.382 Unteroffiziers und Gemeine von den Truppen Sr. Majestät des Königs von Sachsen mussten der Gewalt weichen und sich dem Feinde kriegsgefangen ergeben.

Übersicht der in der Affaire von Kobryn Gebliebenen und Vermissten nach den von den Regimentern Ende Januar 1813 eingereichten Anzeigen und namentlichen Verzeichnissen gefertigt, welche abschriftlich von den General v.Klengel an den Königl. Generalstab eingeschickt werden.

Regimenter/Parteien	Geblieben		Vermisst	
	Offiziere	Uffz./Gem.	Offiziere	Uffz./Gem.
Gen. u. Brigadestab	-	-	-	-
Clemens Ulanen	-	12	-	25
Inf.Rgt. König	-	35	-	3
Inf.Rgt. v.Niesemeuschel	-	38	-	26
Artillerie	-	7	-	-

Übersicht /: nach den Eingaben der Regimenter bald nach der Affaire gefertigt :/ des in der Affaire erlittenen feindlichen Verlusts an Gebliebenen, Blessierten und Gefangenen sowohl der Kombattanten als auch Nicht-Kombattanten

Regimenter u. Parteien	Geblieben		Blessiert	
	Offz.	Uffz.+Gem.	Offz.	Uffz.+Gem.
Gen.+Brigadestab	-	-	-	-
Clemens Ulanen	-	28	4	43
Inf.Rgt. König	-	35	4	24
Inf.Rgt. Niesemeuschel	-	33	4	71
Artillerie	-	7	1	14
Summa	-	103	13	152

| Regimenter | Gefangen | | | |
| u. Parteien | Kombattanten | | Nicht-Kombattanten | |
	Offz.	Uffz.+Gem.	R.Chirurg	Uffz.+Gem.
Gen.+Brigadestab	7	-	-	2
Clemens Ulanen	18	293	1	18
Inf.Rgt. König	24	984	1	56
Inf.Rgt. Niesemeuschel	22	859	1	54
Artillerie	2	116	-	-
Summa	73	2252	3	130

Unter den 984 Gefangenen des Regiments König befindet sich 1 Equipage-Soldat.

Blessierte Offiziere:

Clemens Ulanen:	Rittmeister	v.Gottschalck
	Sousleutn.	v.Brück
		v.Ludwiger
		v.Hagke

Inf.Rgt. König	Major	Bevilaqua
	Adjutant	Becker
	Prem.leutn.	Hille
	Sousleutn.	v.Rechenberg

IR Niesemeuschel	Major	v.Schlieben
	Sousleutn.	v.Dallwitz
		v.Brandenstein
		Richter

| Artillerie | Prem.leutn. | Kayser |

Kombattanten vor der Affaire:

Gen.+ Brigadestab	7 Offz.	
Clemens Ulanen	18	321 Uffz/Gemeine
König	24	1.019
Niesemeuschel	22	897
Artillerie	2	123
Summa	73 Offz.	2.359 Uffz/Gemeine

(BERICHT ENDE)

Den 27ten Von Korbyn aus wurden sämtliche Gefangene durch die rauchenden Trümmer, der fast gänzlich niedergebrannten Stadt, nach dem ohngefähr ½ Stunde von diesem Ort gelegenen Brülower Hof, als dem Hauptquartier des kommandierenden General Tormassow, abgeführt, woselbst wir ohngefähr ½ 4 Uhr ankamen. Um dahin zu gelangen hatte man keineswegs den kürzesten Weg eingeschlagen, vermutlich um uns im Triumpf bei allen denen in der Nähe dieses Ortes noch kampierenden Truppen vorbeizuführen. Hier wurde sogleich durch den General du jour, Obersten Oldencop, zu einer Zählung unserer Mannschaften geschritten und ein genauer Etat nominatif aller gefangenen Offiziere aufgesetzt. Letzteren wurde ein Seitengebäude des Hofes und denen Mannschaften mehrere große Scheunen zum Aufenthalt angewiesen.

Die Lebhaftigkeit des Hauptquartiers bildete einen auffallenden Kontrast mit unserer allgemeinen Niedergeschlagenheit, welche in Etwas durch die Erlaubnis gemildert wurde, an unsere Verwandten in Sachsen und bei der Armee schreiben zu dürfen, jedoch wurde diese Freude durch die Ankunft unserer eroberten Fahnen und Kanonen, wovon einige vor der Wohnung des kommandierenden Generals aufgefahren wurden, sehr getrübt.

Eine Proklamation des russischen General en Chef, Barclay de Tolly, an die Deutschen, worin sie aufgefordert wurden, sich unter Russlands Fahnen zu versammeln, musste ihre Wirkung auf uns ganz verfehlen, ohne die konnte die Brutalität einiger russ. Offiziers nicht dazu beitragen, diesen Aufruf bei uns Gehör zu verschaffen. Unser später angekommenen Verwundeten wurden nun mit etwas mehr Sorgfalt verbunden, jedoch ging das geleistete Versprechen des russ. General Stab Chirurgus, sich bei dem General Tormassow dahin zu verwenden, dass denen Regiments Chirurgen ihre Medizin Wagen wieder zugestellt würden, leider nicht in Erfüllung, woraus für unsere armen Blessierte augenscheinlich der größte Nachteil hervorgehen musste. Der Mangel an Lebensmitteln und die wenigen vorhandenen Brunnen, aus welchen sich das ganze hier versammelte Korps mit Wasser versorgte, waren Ursache, dass wir aller angewendeten Mühe ohngeachtet, kaum die notwendigsten Nahrungsmittel erhalten konnten, jedoch wurde ein Teil der Herrn Stabsoffiziere zur Tafel des kommandierenden Herrn Generals gezogen.

Unsere Bravour anerkennend, befahl der General Tormassow, sämtlichen gefangenen Offiziers ihre Degen wieder zu überliefern, wovon jedoch nur einige wieder ausfindig gemacht werden konnten. Dem Vernehmen nach werden unsere Fahnen durch den Adjutant Bibikow in das kaiserliche Hauptquartier überbracht, wir selbst aber nach der

80 Meilen von Kobryn entfernten Festung Kiew transportiert.

Der Besitzer des Brülower Hofes, v.Selmnitz, ist ein geborener Sachse.

Den 28ten Vor dem Abmarsch, welcher den Nachmittag gegen 3 Uhr erfolgte, erhielten wir nächst dem wiederholten Versprechen einer guten Behandlung 18 Stück von den erstbesten Pferden, um uns ihrer auf dem Marsch wechselweise zu bedienen. Wir traten nun den Marsch nach Lachowieze, unseren heutigen Nachtquartier, unter Eskorte einer Eskadron Dragoner vom Regiment Wladimirsky und eines Bataillons Infanterie, größtenteils zu Fuß an, nicht ohne, wie gestern durch mehrere Umwege auf die Straße geführt zu werden, um das Schauspiel unseres Transports denen in den Umgebungen des Brülower Hifs befindlichen Truppen zum Besten zu geben.

Die Ankunft in Lachowieze erfolgte Abends gegen 8 Uhr, als die Dämmerung bereits hereingebrochen war. Sämtlichen Offiziers wurden 2 Scheunen angewiesen. Hier eignete sich ein Vorfall, der ohne die Autorität und Mäßigung einiger Offiziere unserer Eskorte den nachteiligsten Ausgang für uns nehmen konnte. Es entstand nämlich ohngefähr kurz nach Mitternacht plötzlich ein Geschrei, dass sich ein Pferd in einer der Scheunen befinde; dieser Lärm, von einem verursacht, teilte sich schnell allen Übrigen mit, welche nun schlaftrunken, teils mit der Ursache des Lärms unbekannt sich in die Höhe rafften und in möglicher Eile aus der Scheune stürzten. Unsere Bedeckung, vermutlich in dem Glauben, dass wir und befreien wollten, setzte sich diesem Tumulte hart entgegen und würde uns wahrscheinlich sehr malträtiert haben, wenn nicht noch einige russ. Offiziers eben noch zur rechten zeiit erschienen wären, welche von der eigentlichen Veranlassung dessen unterrichtet, sogleich allen Wicklungen Einhalt taten. Ob wirklich, wie mehrere behaupteten, ein Pferd in der Scheune sich befand oder vielleicht nur ein Träumer Ursache dieses Schreckens war, ist nicht mit Gewißheit zu bestimmen.

Der Major v.Wolframsdorf erhielt bei dieser Gelegenheit einen Stich in den rechten Arm und mehrere Offiziers flache Säbelhiebe.

Den 29ten Den andern Morgen als den 29ten war etwas Zwieback und Branntwein an die Offiziers verteilt und der Marsch um 9 Uhr weiter nach dem Städtchen Dywyn fortgesetzt, welches wir nach einem 3stündigen Marsch erreichten. Sämtliche Offiziers wurden in 3 kleinen Behältnissen eines Gasthofs einquartiert und sehr scharf bewacht. Der Oberst Reichel, ein geborener Sachse und in dem Knabeninstitut zu Annaburg erzogen, übernahm hier das Kommando unserer Eskorte, welche aus der oben erwähnten Eskadron vom Wladimirskyschen Dragonerregiment und einem Bataillon des seinen Befehlen untergebenen Infanterie Regiment Abscheronsky, den 2ten Bataillon der 9ten Division, bestand, welches wir in Dywyn vorfanden.

Es war allerdings ein großer Vorteil für uns, dass genannter Oberst gut deutsch spricht und obgleich polternd und hitzig, dennoch von guten Charakter ist. Er versprach uns in der ersten Unterredung, uns unsere Gefangenschaft so erträglich als möglich zu machen und ließ noch den nämlichen Tag Brot und Fleisch an die Gefangenen austeilen.

Es wurde die zum Besten des Ganzen notwendige Verfügung getroffen, dass von nun an ein russ. Offizier mit mehreren sächs. Offizieren, von einigen Mannschaften begleitet, voraus geht, um die Einquartierung und Verpflegung zu regulieren. Letztere besteht täglich p. tete in 2 Pfund Brot und 1 ½ Pfund Fleisch für den Stabsoffizier, 1 Pfund für den Oberoffizier vom Kapitän abwärts und ½ Pfund für Unteroffz. und Gemeine, wofür jedoch ein Teil des zu erhaltenden Soldes abgezogen ward.

Den 30ten Rasttag.

Zur Erleichterung des Ganzen machten sich sämtliche Offiziers durch ihre Namensunterschrift verbindlich, sich auf keine Art, weder einzeln noch mit Mannschaften eigenmächtig der Gefangenschaft zu entziehen.

Der Herr General v.Klengel ließ in einem Befehl bekannt machen, dass die Subordination keineswegs nun aufhöre sondern vielmehr in ihrer ganzen Kraft bestehe, dass jeder der sich selbst ranzioniert als Deserteur angesehen und im Fall der Wiedererlangung aufgehängt werden soll.

Alle Eingaben und Anfragen gelangen durch den General v.Klengel an den Oberst Reichel, welcher heute von jedem Regiment einen genauen Etat und mehrere andere Eingaben fertigen ließ.

Wir genossen heute zu Folge der oben erwähnten Übereinkunft mehrere Freiheit und konnten in dem Städtchen umhergehen. Die Nacht brachten wir wie gestern in dem geräumigen Stall des Wirtshauses zu.

Vom Regiment ging der Sousleutn. Allmer mit mehreren Offiziers zur Regulierung der Quartiere und Verpflegung voraus.

Dywyn selbst ist ein unansehnlicher schmutziger Ort, wo sich die Juden alle mögliche Mühe gaben, uns unsere Gefangenschaft fühlbar zu machen, indem sie alle Bedürfnisse zu einem ungemein hohen Preis anschlugen und sich dadurch den Zorn des Oberst Reichel zuzogen, welcher dieses Unwesen zu steuern versprach.

Wir begegneten gestern auf dem Marsch hierher den bei Brzesc gefangenen Rittmeister Heymann und Sousleutn. v.Salza vom Ulanen Regiment nebst einem Teil ihres Kommandos, eskortiert von einer Abteilung Kalmücken und Baschkiren, deren Waffen in Bogen und Pfeilen besteht und auf deren Gebrauch sie sehr eingeübt sein sollen. Er wurde nach dem Hauptquartior transportiert und traf heute ebenfalls bei uns ein. Über die Behandlung konnte er nicht im geringsten klagen.

Auch der frz. Oberst Brület und der Ingenieur Leutn. Erhardt, welche separat von uns, zusammen nach Kiew transportiert wurden, begegneten uns gestern. Sie machen ihre Reise mit Post.

Den 31ten Früh 7 Uhr setzten wir unsern Marsch wieder fort. Das für diesen Tag bestimmte Ziel war das 28 Werst entfernte Städtchen Ratno, an einem Arm der Tura, welches wir bei sehr schlechtem Wetter Nachmittags um 3 Uhr erreichten. Unterwegs wurden wir in Ansehung des Beisammenbleibens nicht im Geringsten eingeschränkt und die Fußgänger konnten ganz nach ihrem Gutdünken gehen. Diese Freiheit genossen wir von nun an die ganze Dauer des Weges hindurch; auch unsere

Mannschaften wurden mit vieler Schonung behandelt und es ist ihnen unverwehrt in den jedesmaligen Quartierorten umherzugehen und die nötigsten Bedürfnisse einzukaufen. Die Schildwachen vor den Quartieren der Offiziere schienen wirklich bloß der Zeremonie halber aufzutreten. Das gute Vernehmen erstreckte sich in Folge sogar dahin, dass mehrere Dragoner unsern Offizieren ihre Pferde anboten und eine bedeutende Strecke zu Fuß gingen.

Auch in Ratno nahm ein geräumiges Gasthaus wieder sämtliche Offiziers auf, die Mannschaften wurden in mehreren Häusern, jedoch sehr enge einquartiert. Ein Teil der Offiziers speiste des Abends bei der Besitzerin des Orts, Gräfin Sasnowska.

Die Brotverpflegung war heute sehr unvollständig.

August 1812

Den 1ten Das Dorf Datino war heute der Ort unserer Bestimmung, ... Werst von Ratno. Weg und Witterung waren ungemein schlecht und der Marsch daher sehr fatiquant. Sämtliche Offiziers mussten sich mit Scheunen begnügen; die Mannschaften wurden ebenfalls kompanieweise in Scheunen untergebracht. Leider mussten wir heute unfreiwillige Zuschauer eines Schauspiels sein, welches uns im höchsten Grade niederschlug und das Traurige einer zwar erträglichen Gefangenschaft doppelt fühlbar machte.

Es hatten sich nämlich auf den bisherigen Märschen trotz dem strengen Verbot, dennoch mehrere Individuen von allen Regimentern der Gefangenschaft zu entziehen gewusst, wozu ihnen die wenige Aufsicht in den jedesmaligen Quartieren Gelegenheit gab. /: Von unsern Regiment Fahnjunker v.Kutzschenbach, Bataillons-Tambour Hacker,

Hautboist Schellhardt, Weise, Korporal Wollmann, Winter, Fischer, Große und Jahn und einige Gemeine :/.

Der Korporal Jahn 7te Komp. und einen Ulanen hatte das unglückliche Los getroffen, wieder erlangt zu werden; sie wurden jetzt vor den Oberst Reichelt gebracht, welcher in der ersten Hitze sogleich ein Beispiel zu geben beschloss, den Korporal mit eigener Hand die Distinktionen abriss und ihn zu degradieren befahl. Er ließ hierauf von seinen Soldaten einen Kreis formieren in dessen Mitte die beiden Unglücklichen auf echt russ. Art, jeder mit mehreren Hunde Rutenhieben ad posteriora ohne Mitleid abgestraft wurden. Dieser barbarischen Behandlung mussten mehrere von unseren Leuten zur Warnung beiwohnen. Kurz darauf wurde unser 1tes Bataillon kompanieweise in Gegenwart des Oberst Reichelt verlesen und ihnen die Ursache obiger Bestrafung bekannt gemacht.

Die Verpflegung war heute ebenfalls wieder sehr mangelhaft.

Den 2ten Nach Zurücklegung von 14 Werst, davon hier 7 auf eine Meile gerechnet werden, kamen wir in dem Städtchen Neusachiza an, wo sämtliche Stabsoffiziers auf dem Hofe, die übrigen Offiziers aber in Judenwohnungen einquartiert wurden. Die Mannschaften kamen in einige unbewohnte Häuser.

Auch hier war die Brotverpflegung nicht in der gehörigen Maße zu erlangen.

Es wurde uns hier die Freude mehrere Briefe von der Armee ankommen zu sehen, aus welchen erhellte, dass die tapfere Verteidigung von Kobryn hinlänglich anerkannt wird. Mit derselben Gelegenheit wurden wieder Briefe ans Hauptquartier expediert.

Um das Geschäft der Fassung und Verteilung der Vivres mit möglichster Ordnung zu vollziehen, wurden von nun an hierzu täglich p. Regiment 2 Offiziers kommandiert, wovon einer die Vivres im Ganzen übernimmt und der andere die Verteilung derselben in die Kompanien besorgt. Ein 3ter Offizier, von den 3 Regimentern wechselweise gegeben, hat ausschließlich Sorge für das gute Unterkommen und den Transport der Blessierten und Kranken zu tragen, welche gemeiniglich etliche Stunden später als die Kolonne ankommen.

Wie gestern das 1te so wurde heute das 2te Bataillon vor dem Quartier des Oberst Reichelt verlesen.

Sämtliche Adjutanten lagen beisammen in einer schmutzigen Judenschenke, welche uns aber doch in Vergleichung zu bisher bezogenen Biwaks und Scheunen sehr bequem dünkte.

Den 3ten Rasttag. Welcher im Allgemeinen zum Putzen und Reinigen angewendet wurde. Beim Hospital wurden mehrere Krankenwärter angestellt.

Den 4ten Erreichten wir bei ziemlich guten Wetter und Weg die schon ansehnlichere Stadt Kowel am Turafluss, welchen wir heute passierten. Hier trafen wir Garnison an Dragonern bestehend und in geringer Entfernung von der Stadt ein abgedomiertes Barackenlagen. Sämtliche Gefangenen wurden in der Stadt einquartiert, die Majors und Adjutanten kamen in die Wohnung eines Priesters.

Für die Offiziers war der Tisch in dem Hause des Horodnitzen /: Bürgermeister :/ arrangiert worden, jedoch wurden auch mehrere von Ihnen in das Haus des Grafen Weselowsky /: als dem Quartier des General v.Klengel und Oberst Reichelt :/ eingeladen, wo sie mit vieler Freundschaft empfangen wurden und dem Zirkel dieser liebenswürdigen Familie sowie in der Gesellschaft des Kreis-Direktors, Grafen Mioschinsky, dessen Familie in Sachsen sehr bekannt ist, einige heitere Stunden zubrachten.

Marsch von 18 Werst.

Den 5ten Rasttag in Kowel. Der rückständige Sold vom 28ten Juli bis mit 16ten August wurde an die Offiziers ausgegeben; selbiger bestand täglich für den

General in   6 Rubel Papier
Oberst   4
Major   3
Subaltern   1 ½   wovon jedoch nach Verhältnis der Brod- und Fleischverpflegung ein Teil, für die Subaltern Offiziers in ½ Rubel bestehend, für erwähnte Vivres abgezogen wird. 4 dergleichen Papier Rubel = 1 Silber Rubel = 1 Tl. 2 Gr. 8 Pf. Sächsisch.

Es gibt in Russland dreierlei Rubel, deren Wert gegeneinander der Titel bestimmt, als Silber, Kupfer und Papier. Jeder Rubel wird eingeteilt in 100 Kopeken und verhalten sich dermalen diese Rubel folgend zueinander

Silber : Papier = 25 : 100

Kupfer : Papier = 100 : 120

Silber : Kupfer = 25 : 80

Die verschiedenen Münzsorten des Silbers sind

1 Rubel   = 100 Kopeken
½   = 50

¼ = 25

$^1/_5$ = 20

$^{100}/_{15}/^{15}$ = 15

$^1/_{10}$ = 10

$^1/_{20}$ = 5

Die des Kupfers sind
Rubel zu 100 Kopeken eine eingebildet 11 Kopeken

Pietak = 5 Kopeken

Schachs = 2

Kopeken = 1

½ Kopeke

Die russ. Assignaten oder Papier Rubel kursieren von 5 bis ... Rubelblättern.

Im Handel bedient man sich immer des Papiergeldes, nur bei einigen Produkten wird ausschließlich auf Kupfer gehandelt, welches nebst dem Papier die bedeutendste Geldmasse im Reich ausmacht. Die Juden betrieben vorzüglich das Wechselgeschäft, in At-Russland ist solchen öffentlich kein anderer Handel zugestanden.

Das Kupfergeld hat hier sowie in Österreich eine bedeutende Größe und Schwere, so ist z.B. 1 Pietak, welcher ohngefähr 4 ¼ Pf an Wert, wenigstens noch einmal so schwer als unser kupferner $^1/_{96}$.

Einem heute erlassenen Befehl des Oberst Reichelt zu Folge ist die Marschordnung der Kolonne folgende:

An der Tete die Offiziers mit ihren Bedienten geführt von 1 Eskadron Dragoner unter Kommando eines Major

Artillerie, Bäcker, 1te Bon König geführt von der 1ten russ. Gren.Komp.

2te Bon König, 1te Komp. Niesemeuschel geführt von der 1ten russ. Musk.Komp.

2te, 3te, 4te Komp. und 2tes Bon Niesemeuschel geführt von der 2ten russ. Musk.Komp.

Ulanen geführt von der 3ten russ. Musk.Komp.

Es wird abwechselnd einen Tag rechts, den andern Tag links abmarschiert.

Der Hautboist Weise und 2 Gemeine, welche sich früher ranzioniert hatten, wurden heute durch Bauern eingebracht und wäre ohne Zweifel mit der nämlichen Strafe wie die in Datino Wiedererlangten belegt worden, wenn nicht die rührende Vermittlung einiger junger Damen den Oberst Reichel bewogen hätte, Gnade vor Recht ergehen zulassen.

Unsere Mannschaften bekamen endlich heute die festgesetzte Brotverpflegung.

Mehrere sächs. Husaren und Dragoner kamen als Gefangene hier an, der größte Teil war blessiert.

In der Nacht von 5ten zum 6ten ereignet sich ebenfalls wieder ein unangenehmer Vorfall, es wurde nämlich unfern unseres Quartiers durch ein ausgebrochenes Feuer ein Haus in Asche gelegt.

Die zum Transport der Offiziers und Kranken bestimmten Ochsenfuhren wurden immer noch nicht in gehöriger Anzahl beigebracht, dass sich ein Teil der Offiziers noch jetzt in die Notwendigkeit versetzt sieht, zu Fuß zu gehen.

Den 6ten Der Marsch ging heute nach dem Dorfe Lubtawskaja oder Lubitow 12 Werst von Kowel, wo wir früh bei guter Zeit ankamen. Auf einem der Edelhöfe dieses Dorfes wurden die Majors und sämtliche Offiziers zum Teil in Scheunen einquartiert. Die Mannschaften lagen bataillonsweise in Scheunen. Die Brotversorgung machte heute wieder Schwierigkeiten.

Durch die Güte des Grafen Mioschinsky erhielten wir heute von Kowel mehrere französische und deutsche Lesebücher als eine kleine Reisebibliothek, ein Geschenk, welches unter jetzigen Umständen, doppelten Wert für uns hatte.

Den 7ten Dorf Kolop, 14 Werst von Libutow. Dieser Ort mit einem ziemlich ansehnlichen Schlosse und hübschen Garten Anlagen, worunter auch ein Tiergarten und Fasanerie befindlich, gehört dem Grafen Wilga, der uns nebst seiner sehr achtungswerten Familie eine freundschaftliche Aufnahme zu Teil werden ließ. Sämtliche Stabsoffiziers und Adjutanten lagen in einem Seitengebäude des Schlosses, die Offiziers und Mannschaften aber in Scheunen. Die auf dem Hofe einquartierten und blessierten Offiziers aßen auf dem Schlosse, ein Teil derselben wurde mit mehreren Kleidungsstücken und Wäsche beschenkt. Unter die Mannschaften wurden etliche Fässer Bier verteilt.

Die überaus herzliche Bewillkommnung eines alten biederen deutschen Gärtners und seiner Frau, im Dienste des Grafen, Namens Rischly, welche alles aufboten uns gefällig zu sein, gewährte uns hier einige sehr heitere Stunden, wozu die schönen Partien des Parks ebenfalls das ihrige beitrugen.

200 Friedrich d'or, welche einem sehr achtungsvollen Briefe des Herrn General v.Lecoq an den General v.Klengel beigefügt waren, wurden auf

Anschlag des Traktaments pro Juli verhältnismäßig unter die Offiziers verteilt; der

Kapitän	à	4 Friedrichs d'or
Leutnant	2	
Fahnjunker	1	
Oberster	5	
Major	5	

Mehrere Offiziers erhielten durch diesen Kurier Nachrichten von der Armee. Fast täglich begegnen uns unterwegs Vivres und Fourage Transporte, welche zur Armee gehen.

Der Oberst v.Göphardt ist seit einigen Tagen bedeutend krank.

Den 8ten Ungern verließen wir heute das freundliche Kolop und kamen Mittags in dem Städtchen Rasycze am Styrflusse, dem Grafen Gomarewsky gehörig, an. Der Weg führte fast durch lauter Wälder und fängt im Allgemeinen nun an, bergigter zu werden.

Sämtliche Offiziers mussten mit Judenwohnungen vorlieb nehmen, die Mannschaften bezogen mehrere große Scheunen unfern des Orts. Wir passierten heute den Flecken Swidnieky am Stochotfluss.

Marsch von 24 Werst.

Den 9ten Rasttag. Eine bestimmte Anzahl Offiziers wurden wie gestern zum Diner beim Grafen Gomarowsky eingeladen.

Unter mehreren Dienstschriften wurde eine Anzeige derjenigen Offiziers eingereicht, welche Teile ihres Traktaments ins Land assignieren wollen, desgleichen auch eine Berechnung des rückständigen für Unteroffz. und Gemeine.

Den 10ten Nach Zurücklegung von 17 Werst kamen wir heute nach Lutzk am Styrfluss, ziemlich ansehnliche Handelsstadt, welche in einiger Entfernung mit ihren Kirchen und Klöstern einen vorteilhaften Eindruck gewährt. Das Wetter war gut und der Weg interessanter wie gewöhnlich, da er oft an den hohen Ufern der Styr hinführt, welche mehrere pittoreske Landschaften und angenehme Bergpartien bildete.

Mehrere Infanterie und Kavallerie Depots, worunter vorzüglich Kosaken, garnisonieren in Lutzk, außerdem befindet sich noch ein Hospital und Magazin daselbst. Die Spuren einer großen Feuersbrunst waren auch hier, wie in den meisten passierten Orten, bemerkbar. Die Mannschaften, welche anfänglich gleich denen Offiziers in dem Orte selbst verquartiert wurden, bezogen des Nachmittags, verschiedener Unregelmäßigkeiten halber, auf Befehl des Oberst Reichel die Gänge und Höfe einiger an der Stadt gelegener Klöster, wo sie mit mehrerer Strenge bewacht wurden.

Den 11ten Rasttag. Der 6tägige Sold wurde zum erstenmale an Unteroffz. und Gemeine ausgegeben. Der Unteroffz. erhält täglich 30 Kopeken Papier, der Gemeine hingegen nur 20. Hiervon wurden 8 Kopeken für die Verpflegung an Brot und Fleisch abgezogen und der Rest von 22 und resp. 12 Kopeken bar an die Mannschaften herausgegeben. Diesen zu Folge bekommt daher der Unteroffz. ohne Ansehen des Grades nach Abzug der Verpflegung in 6 Tagen 1 Rubel 32 ½ Kopeken Papier, also ohgefähr 8 Gr. 6 Pf. Sächsisch und der Gemeine 72 ½ Kopeken oder 4 Gr. 4 Pf. Sächs. Diese Traktamentsgelder werden von den russ. Behörden jedes Mal in Bankonoten ausgezahlt und dann bei den Regimentern nach dem Wert umgesetzt.

Der Oberst v.Zezschwitz übernimmt von nun an die Inspektion über das gesamte Verpflegungswesen, unter ihm besorgt einer der Brigade Adjutanten abwechselnd die nötigen Details. Das Geschäft des bisher voran gegangenen Leutn. Allmer übernimmt nun der Leutn. Tod.

Von hier aus wurden abermals Briefe ins Sächs. Hauptquartier expediert. Ein Bäcker der Brigade, welcher sich eines Mehldiebstahls schuldig gemacht hat, wird 2 Tage hintereinander jedesmal mit 30 Stockschlägen ad posteriora betraft.

Den 12ten Dorf Naschitze, 20 Werst von Lutzk. Die Offiziere wurden gleich den Mannschaften in Scheunen einquartiert. In Ansehung der Verpflegung wurde eintägiger eiserner Vorrat auf den vollständigen Bedarf mit den heutigen Tage ausgereicht. Der Oberst Reichel fand es für seine Sicherstellung notwendig, Feldwachen auszusetzen, auch hielt er es wahrscheinlich für eine Vorsichtsmaßregel, die Zeit des morgenden Abmarschs nicht zu bestimmen und uns in Rücksicht dessen bloß auf das Signal der Trommel zu verweisen. Späterhin hat er geäußert, dass er diesen Tag wirklich einen Überfall für möglich gehalten.

Laut des heute ausgegebenen Befehls hat der Herr General v.Klengel vom General Leutnant v.Lecoq das Aviso erhalten, dass jeder Unteroffz. oder Gemeine der Brigade, welcher sich ranzioniert und bei der Armee eintrifft, daselbst als Deserteur betrachtet und vor ein Kriegsgericht gestellt wird.

Den 13ten Der Abmarsch erfolgte früh 5 Uhr. Ohnstreitig war der heutige Marsch in Ansehung seiner Weite von 28 Werst sowie des schlechten, sumpfigten Weges und üblen Wetters halber, der fatiquanteste seit unserer Gefangenschaft. Ganz durchnässt kamen wir erst gegen Abend in Dubno an.

Diese Stadt, welche unter die größten gehört und bedeutenden Handel treiben soll, liegt am Styr von Bergen umgeben. Auf der Hälfte des Weges passierten wir das Städtchen Morawitze mit Schloss und Gartenanlagen.

Die Kranken und Blessierten trafen erst spät des Abends ein, zu ihrem guten Unterkommen waren alle möglichen Vorkehrungen getroffen worden, doch fehlte es teils an Stroh.

Eine halbe Stunde vor der Stadt begegneten wir einer Abteilung neu angeworbener Kosaken, die vermutlich zur Armee gingen. Sie waren schlecht beritten und mit Piken bewaffnet, ihre Kleidung besteht aus einem groben braunen Kapot nebst dergleichen Mütze.

Den 14ten Rasttag Unsere Mannschaften liegen ziemlich entfernt von einander und zwar bataillons- weise und sehr enge in mehreren Scheunen und Höfen. Die Majors und Adjutanten, welche beisam- men lagen, konnten durchaus kein Lagerstroh erhalten und brachten beide Nächte auf den bloßen Dielen zu. Die Bewohner Dubnos waren im Allgemeinen sehr freundschaftlich gegen uns gestimmt und ließen vielen Anteil an unserem traurigen Schicksal blicken. Vorzüglich erregte der Zustand der Blessierten und Kranken ihr Mitleid. Nicht sowohl mehrere der blessierten Offiziers als auch gemeine Mannschaften wurden mit Wäsche, Kleidungsstücken und Geld beschenkt. Eine unbekannte Dame ließ dem Herrn Oberst v.Zezschwitz 32 Dukaten und 40 Rubel zum Besten des Lazaretts einhändigen, wovon ein Teil sogleich zu Anschaffung von warmen Decken verwandt wurde, auch Leinwand zu Hemden für die bedürftigen Kranken angeschafft.

Die Stadt, welche ebenfalls durch ein großes Feuer gelitten hat, gehört dem Fürsten Lubomirsky. Unter mehreren Deutschen fanden wir hier den Doktor Otto aus Meißen gebürtig.

Zur Erhaltung unserer Kranken und Blessierten, welche durch den täglichen Transport alle Ruhe und Abwartung entbehrten und dadurch um so gewisser dem Tode überliefert werden, wurde der Oberst v.Reichel dringend ersucht, das Lazarett unter Aufsicht der Regt.s-Chirurgen wenigstens eine Zeitlang hier zurück zu lassen. Leider blieben die ernstlichen Bemühungen zu Erreichung dieser Absicht fruchtlos. Außerdem würde nebst der heilsamen Wirkung der Ruhe und Abwartung aus den guten Gesinnungen der Bewohner Dubnos ein zweiter großer Vorteil für unsere Kranken hieraus hervorgegangen sein. Da die Grenze zu österr. Galizien nicht weiter als 5 Meilen von hier entfernt ist, so hätte sich vielleicht ohne unser gegebenes Wort ein gehörig durchdachtes Projekt zu unserer Befreiung ausführen lassen, wobei wir ohne Zweifel auf die Begünstigung der Dubnoer zu rechnen gehabt hätten.

Man sieht in Dubno Spuren ehemaliger Befestigung und in dessen Umgebung viele Wassermühlen. Der Styr scheint hier mehrere Arme zu haben, welche miteinander in Verbindung gesetzt sind. Das Terrain schien zu Überschwemmungen sehr geeignet. Hier sowie in Lutzk hatten wir Gelegenheit, verschiedene

Waren, vorzüglich Tuch und Leinwand, zu ziemlich wohlfeilen Preisen zu erhalten, auch versahen sich die Regt.s-Chirurgen aus der hiesigen Apotheke mit mehreren Medikamenten.

Den 15ten Bei sehr schlechtem Wetter gingen wir früh 8 Uhr von Dubno ab. Unter denen gestellten Transportmitteln befanden sich heute mehrere lederne Pritzschken. Vor der Stadt sahen wir in verschiedenen großen Haufen die soi-disant freiwilligen Verteidiger des Vaterlandes, meist aus zusammengetriebenen Dorfjungen bestehend, deren Neigungen wahrscheinlich eine scharfe Aufsicht, obgleich ihnen der Weg zurück durch ein hölzernes Impedimat ziemlich abgeschnitten war. Ob diese Levée dem Feinde vielen Schaden tun wird, ist wie billig zu bezweifeln.

Nach Zurücklegung von 18 Werst, meistenteils Holz und Sand, kamen wir ebenfalls wieder bei starkem Regen in denen seitwärts der Paradestraße gelegenen Dörfern Otyr und Nagury an. In erstern Ort, 2 Werst von letztern entfernt, wurde unser 1tes Bataillon nebst den Ulanen und dem Lazarett, was jedoch erst den 16ten gegen Morgen eintraf, verquartiert. Nagury, das letztere eben genannter Dörfer, nahm nebst sämtlichen Offiziers unser 2tes Bataillon und das Regt. Niesemeuschel auf. Das Offizierskorps des Regt.s musste sich mit einem sehr kleinen Kornboden begnügen, dessen Avenue durch eine äußerst gebrechliche Treppe ziemlich unsicher gemacht wurde. Die wenigen an den Seiten angebrachten Luftlöcher warfen nur ein sehr schwaches Licht auf die Szene, welche durch die Beschränktheit des Raumes eine der Lebhaftesten wurde, über und unter uns war das Regt. Niesemeuschel einquartiert.

Unter Weges begegnete uns heute die Gemahlin des Oberst v.Reichel, welche vermutlich von Zytomirz aus ihrem Mann entgegen fuhr.

Den 16ten Teils um den durch den bisherigen Weg äußerst erschöpften Kranken und Blessierten, welche wie schon erwähnt, erst heute gegen Morgen eintrafen, einige Stunden der Ruhe zu gönnen, teils weil es für den Augenblick an Transportmitteln fehlte, blieben selbige bei unserm Abmarsch hier zurück und wurde von jedem Regt. ein Offizier bei denselben zurückgelassen.

Wir kamen des Nachmittags in dem Städtchen Kuniow am Horinfluss an. Die Weite von 28 Werst machte den Marsch sehr ermüdend, während desselben wir auch heute Gelegenheit hatten, die Fruchtbarkeit des Bodens zu bewundern, welcher überall mir reichen Kornfeldern bedeckt ist und dem Auge eine wohltuende Aussicht gewährte. Wir passierten Dörfer wie gewöhnlich, obgleich wir nicht auf der großen Straße fort gingen, sondern mehrere Seitenwege einschlugen. Die Stadt ist fast gänzlich mit Sümpfen und Brüchen umgeben, welche die Avenue gerade jetzt durch die Höhe des Wassers sehr erschwerten. Die Offiziers wurden in der Stadt selbst verquartiert, die Mannschaften erhielten mehrere große Scheunen, in dem vom Städtchen durch einen Damm und Brücke getrennten Dorfe oder Vorstadt.

Die diesmalige Wohnung der Majors und Adjutanten bei einem Juden wurde in Vergleichung mit allen Vorhergehenden sehr reinlich befunden, auch machten die Wirtsleute eine Ausnahme von dem Charakter ihrer Nation, indem sie gutmütig und ziemlich uneigennützig zu sein schienen. Die Judenwohnungen in dem bis jetzt passierten Teile des russ. Polen zeichnen sich überhaupt von denen des Herzogtums durch mehrere Reinlichkeit aus, welches vielleicht einem größeren Grade des Wohlstandes zuzuschreiben ist. In allen hiesigen Dörfern sich die Juden ausschließlich Besitzer der Schenken oder so genannten Krüge.

Den 17ten Rasttag. Der Prem.leutn. v.Kloppmann löste heute den Sousleutn. Tod in Besorgung der Verpflegungs Angelegenheiten ab, gleich wie dem Kapt. v.Ottenfeld die Besorgung des Wechselgeschäftes übertragen wurde. Der Besitzer des Ortes ist Graf Jablanowsky, gewesener Oberst der im franz. Dienst befindlichen poln. Garde. Die Offiziers erhielten ein Geschenk an verschiedenen Kleidungsstücken und Wäsche. Nur selten fehlte es jetzt noch an den hinlänglichen Transportmitteln. Um nun bei Entnahme derselben für die Regimenter jeden Kollisionsfall vorzubeugen und jedem Offizierskorps die verhältnismäßige Anzahl zukommen zu lassen. So übernimmt auf Befehl des General v.Klengel von nun an einer der Hrn. Majors täglich abwechselnd das Geschäft der Verteilung; er erhält zu diesem Behufe Abends zuvor von denen Adjutanten und Seiten des Hospitals eine Anzeige, wie viel Wagen zum Transport des letzteren und zum Fortkommen der Offiziers erforderlich sind. Die Lebensmittel sind durchgängig sehr wohlfeil, so kostet zum Beispiel das Pfd. Brot 3 ½ Gr. Polnisch, das Pfd. Fleisch 3 Gr. Zur Verpflegung des ganzen Korps von ohngefähr 2.300 Köpfen sind täglich nicht mehr als circa 30 Rubel erforderlich. Die Mannschaften bekommen seit einiger Zeit abwechselnd täglich Fleisch oder Talg, an Fleischtagen erhalten 8 Mann ein Quart Zugemüse, an Tagen hingegen, wo

Talg geliefert wird, bekommen 3 Mann ein Quart Zugemüse.

Fast täglich haben wir Gelegenheit die Schnelligkeit der hiesigen Posten zu bewundern, welche den unsrigen hierin weit überlegen sind, dem ohngeachtet wird für 1 Werst, ohngefähr $1/7$ einer deutschen Meile, auf das Pferd nicht mehr als 8 Kupfer Kopeken bezahlt, mit 20 Gr. Poln. Trinkgeld soll der Postillion sehr zufrieden sein.

Auch unsere Ochsenfuhren bieten ein geschwinderes Beförderungsmittel dar als diese Fuhren in Sachsen und nicht selten sieht man unsere Bespannung in munterem Trabe ihrem Ziele entgegen eilen.

Den 18ten Da das Hospital exklusive der kranken und blessierten Offiziers noch zurück ist, so wurde heute der Sousletn. v.Bünau kommandiert, in Kuniow zurück zu bleiben und die Ankunft des Lazaretts zu erwarten, zu welchem Behufe er die Vivres für dasselbe übernahm.

Des Nachmittags bei guter Zeit trafen wir in dem 18 Werst von Kuniow entfernten Dorfe Bialotyn ein, wo sämtliche Stabsoffiziers und Adjutanten in der Behausung des Oberförsters Scherer, ein Österreicher von Geburt, einquartiert wurden. Da das Wohnhaus zu klein war, um die Anzahl der Gäste zu fassen, so nahmen die Hrn. Majors und Adjutanten in einer hinter dem Hofe befindlichen Scheune Platz. Proprietär des Orts ist der Graf Jablanowsky.

Der Weg führte heute ohne Abwechslung durch lauter Wald, in welchem wir ohngefähr ½ Stunde von Bialotyn das Holz in Klaftern aufgestellt sahen, ein Anblick, welcher uns an die Waldungen des Vaterlandes erinnerte und auf einen Geist der

Ordnung und Sparsamkeit schließen ließ, dessen wir in den öden, zum Teil abgebrannten Wäldern Polens ganz entwöhnt worden waren. Die Mannschaften wurden, um ihnen ein weilläufigeres Unterkommen zu verschaffen, in den 2 Werst von Bialotyn, vorwärts an der Straße nach Zaslow gelegenen Dorf Komin verquartiert, wohin sie jedoch ziemlich spät kamen, da die üble Witterung den ohnehin schon schlechten Weg noch mehr verschlimmerte.

Der Oberst v.Reichel verbot bei harter Strafe, dass sich kein Mann unterstehen sollte, in den zu passierenden Dörfern oder Nachtquartieren Federvieh oder Feldfrüchte zu entwenden.

Den 19ten Stadt Zaslow am Horynfluss, über welchen eine große höhere Brücke führt. Der Weg war heute ziemlich freundlich und abwechselnd; die Werstsäulen zeigen uns an, dass wir uns wieder auf der großen Landstraße befinden. Die Stadt, welche sich in der Entfernung gut präsentierte, teilte sich in Alt- und Neustadt, welche die erwähnte Brücke verbindet. Der Fluss bildet ein angenehmes, zur Seite der Altstadt von Bergen begrenztes Tal ; in der weiteren Ebene auf der anderen Seite erhebt sich die Neustadt, unter deren Gebäuden sich außer mehreren Kirchen und Klöstern vorzüglich das geschmackvolle Schloss der Fürstin Sangursky auszeichnet, einer Dame, welche sich durch ihre edlen, wohltätigen Gesinnungen ein dauerndes Denkmal in unsere Herzen gesetzt hat.

Die Altstadt scheint vorzüglich im Besitze der Handels Geschäfte zu sein und ist daher lebhafter als die Neustadt, es befindet sich in ersterer auch eine Apotheke.

Die Weite des Marsches betrug heute 15 Werst. Sämtlichen Offiziers wurde in der Neustadt ohnweit der Brücke ein Haus angewiesen, die Mannschaften erhielten kompanieweise Scheunen jenseits der Neustadt in einiger Entfernung von derselben.

Den 20ten Das Lazarett traf des Nachmittags um 3 Uhr ein und wurde in dem Erdgeschosse und den Ställen des von denen Offiziers bewohnten Hauses untergebracht. Die Fürstin Sangursky schenkte heute zur Verteilung an die Mannschaften 100 Stück Hemden und 28 pr. Stiefeln und Schuhe. Das Lazarett erhielt mehrere Boutillen Wein und verschiedene Victualien in Menge, wovon ein Teil sogleich an die Kranken verteilt wurde. Mehrere Offiziers wurden zum Diner aufs Schloss geladen, in dessen Ställen sich eine Anzahl sehr schöner Pferde befanden.

Den 21ten Rasttag. Die Offiziers erhielten verschiedene Kleidungsstücke und Wäsche. Auch heute wurden Seiten der Fürstin mehrere Gemüse und andere Viktualien an das Lazarett verteilt. Die gestern erhaltenen Kleidungsstücke wurden nach Verhältnis der Stärke an die Regimenter; das Regt. König erhielt 43 Hemden, 4 pr. Stiefel und 5 pr. Schuhe, welche gleichmäßig in die Kompanien verteilt wurden.

Die beiden Ruhetage wurden vorzüglich zu einer zweckmäßigeren Organisation des Hospitals verwendet, über welches der Hauptmann v.Brochowsky Regt. Niesemeuschel freiwillig die Direktion übernahm. Bei strenger Ahndung wird das Ansprechen der Soldaten untersagt. Ein reicher jüdischer Wechsler, Namens Holberin, welchen wir auch späterhin in Zytomirz sahen, bezeugt sich sehr freundschaftlich gegen mehrere Offiziers, welche er in seine Wohnung einlud. Die Preise der Waren sind in Zaslow ziemlich wohlfeil, auch befinden sich mehrere deutsche Professionisten hier.

Der Korp. Schulze 5te Komp. wurde zur Fassung und Verteilung der Vivres ins Hospital kommandiert.

Den 22ten Ging unser Marsch nach dem Städtchen Sitilka, 17 Werst von Zaslow, wo wir Mittags ankamen. Ohngefähr 5 Werst vor genannten Orte passierten wir das Städtchen Sweptowka, meist von Juden bewohnt, Weg und Witterung waren uns günstig und der Boden gut angebaut. Sitilka, dem Grafen .... gehörig, hat ein Schloss mit beträchtlichen, neu gebauten Wirtschaftsgebäuden. Die Mannschaften lagen ohnweit des Städtchens in Scheunen, zwei ziemlich reinliche Stübchen in der Wohnung eines Juden wurden von den Majors und Adjutanten okkupiert. Professor Seidel, aus Sachsen gebürtig, Hofmeister im Hause des Grafen, suchte die Offiziers auf, aber durch seine Gespräche keineswegs zu unserer Aufheiterung bei, indem er zu wissen vorgab, dass in Zytomirz mehrere leere Kirchen zu unserem Empfang bestimmt wären, übrigens ließ er auch merken, das eine Wünsche geradezu gegen den Succurs der französischen Waffen liefen.

Der Graf verschenkte einige Kleidungsstücke und Wäsche an Soldaten. Da die Anzahl der Transportmittel nicht hinreichend war, so gingen heute mehrere Offiziers zu Fuß.

Den 23ten Stadt Polonne zu beiden Seiten des Sluezflusses mit veralteten Festungswerken und einem in Ruinen liegenden Schlosse.

Der Ort ist mit Einschluss der Vorstädte von beträchtlichem Umfang und scheint sehr lebhaft zu sein.

Die Kommunikation mit den Mannschaften war dadurch erschwert, dass selbige 1 ½ Werst von der Stadt in Scheunen einquartiert waren.

Der Oberst Reichel hatte seine Wohnung jenseits der Stadt auf einem, dem Grafen Milewsky gehörigem Gute, auf dessen Schlosse mehrere Offiziers speisten; letztere lagen zum Teil in der Stadt und Vorstadt.

Marsch von 23 Werst.

Den 24ten Rasttag. Das Regt. wurde Nachmittags 4 Uhr vor dem Quartier des Oberst v.Reichel verlesen. Seitens des Oberst v.Zezschwitz erhielten sämtliche Feldwebel und Wachtmeister eine Gratifikation von 1 Rubel. Von jedem Regt. arbeiteten mehrere Schneider für das Hospital.

Der Sousleutn. Lecoq wurde krank gemeldet.

Den 25ten Früh vor dem Abmarsch brannte in dem Quartier der kranken und blessierten Offiziere ein Schornstein, wurde aber sogleich wieder gelöscht. Der Weg nach dem um 11 Werst von Polonne entfernten Städtchen Mirapok war sehr einförmig, desto mehr wurden wir aber durch die Lage dieses Orts selbst überrascht. Welcher sich sehr malerisch auf beiden Seiten eines durch den Komorowfluss gebildeten engen Tals ausbreitet, welcher letztere reich an schönen Bergpartien ist.

Sämtliche Offiziers lagen in einer großen, geräumigen Scheune auf der Höhe hinter dem Edelhofe, von wo aus man die schöne Lage des Städtchens genau beobachten konnte. Die Mannschaften erhielten par Bataillon eine große Scheune angewiesen, wo sie jedoch sehr enge lagen.

Der heutige Marsch war der kürzeste seit unserer Gefangenschaft.

Den 26ten 14 Werst nach dem großen und bergigten Dorf Milenzie. Die Mannschaften lagen zerstreut in Scheunen. Das Regt. Niesemeuschel wurde des Nachmittags vor dem Quartier des Oberst v.Reichel verlesen.

Mehrere von den Hautboisten unseres Regt. gaben ihren russ. Kollegen von Regt. Abscheronsky, welche in der Kunst noch weit zurück sind, Unterricht und genießen dafür den Vorteil, jedes Mal mit diesen à la tête der Eskorte zu marschieren und mit ihnen einquartiert zu werden.

Den 27ten Ging der Marsch nach dem Städtchen Czudnow am Tetterew Fluss, dessen Ufer hier mehrere schöne Partien haben. Die Stadt liegt selbst liegt sehr hoch und hat angenehme Umgebungen. Die Offiziers wurden in der Stadt selbst, die Mannschaften jedoch ziemlich entfernt von derselben bataillonsweise in große Scheunen einquartiert.

Mittags passierte eine dergleichen Abteilung berittener und zu Kosaken kreierter Bauern, welche wir schon früher vor Dubno gesehen hatten, den Ort, unter denen mehrere schon bejahrte Leute angenommen waren.

Der Kopfputz der hiesigen Bäuerinnen, welche vermutlich der stattfindende Markt oder die Neugierde uns arme Gefangene zu sehen, in Menge herbeigeführt hatte, macht keinen üblen Effekt; sie tragen nämlich das zusammengeflochtene Haar sehr artig mit allerhand farbigen Blumen umwunden, an denen es hier nicht zu fehlen scheint.

Der heutige Marsch war nicht stärker als der gestrige, nämlich 14 Werst.

Den 28ten Städtchen Piatky, 15 Werst von Czudnow. Die Besitzerin des hart am Orte gelegenen Ritterguts, eine geborene v.Linsingen aus Sachsen, verleugnete das Gefühl der Landsmannschaft dermaßen, dass sie schon im Voraus bei den quartiermachenden Offiziers jede Einquartierung auf dem Schlosse deprizierte und sämtliche Offiziers wohnten daher in verschiedenen Judenwohnungen der Stadt. Das 1te Bataillon erhielt eine große, zum Rittergut gehörige Scheune , wo es trotz denen, die Scheune umgebenden, zum Teil schon verdorbenen Strohhaufen, doch Mangel an Stroh litt. Das 2te Bataillon mit Ausnahme der 8ten Komp. wurde in mehreren Häusern der Stadt selbst, letztere Komp. aber in einer, an der Stadt gelegenen Scheune einquartiert.

Den 29ten Rasttag. Das Regt. beschäftigte sich auch heute, wie an jedem Ruhetag, mit Putzen und Waschen und wurde Abends um 6 Uhr kompanieweise verlesen und gestellt, bei welcher Gelegenheit der Oberst v.Göphardt den bisherigen Korporal Schröder von der 6ten Komp. wegen großer Liederlichkeit und inkorrigiebler Aufführung degradierte und den in Datino auf Befehl der Oberst v.Reichel degradierten Korporal Jahn 7te Komp. an dessen Statt in den Genuss des Unteroffz. Soldes einrücken ließ. Ein Komplott von mehreren Gemeinen der 5ten Komp., welche mit Zuziehung eines Ulanen sich ranzionieren wollten, wurde entdeckt.

Ein Befehl des General v.Klengel machte die Offiziere auf die unangenehmen Folgen aufmerksam, welche in jetzigen Zeitumständen politische Gespräche nach sich ziehen können. Mehrere gefangene polnische Offiziers sollen in Folge unvorsichtiger Gespräche nach Sibirien transportiert worden sein.

Die Krankheit des Leutn. Lecoq verschlimmert sich täglich, sodass zu Herstellung dieses Offiziers wenig Hoffnung bleibt.

Auch heute waren sämtliche Schneider mit Arbeit für das Hospital beschäftigt.

Den 30ten Der Weg nach dem 15 Werst entlegenen Städtchen Trojanow, unseren heutigen Nachtquartier, war abwechselnd und angenehm, vorzüglich erfreute uns beim Eintreffen an diesem Ort, der Anblick eines links der Straße gelegenen zum Schlosse gehörigen Gartens, mit geschmackvollen Anlagen und mehreren Terrassen. Die Offiziers lagen in der Stadt und die Mannschaften vor derselben an der Straße nach Zytomirz in 2 großen Scheunen.

Vor dem Abmarsch aus Piatky haben sich vom Regt. Niesemeuschel 2 Unteroffz. und 30 Gemeine und von der 2ten Komp. unseres Regt. 1 Gemeiner Rüdiger sowie ein dieser Komp. zugeteilter westfälischer Soldat entfernt; die bisher genossene Freiheit wurde also heute eingeschränkt und kein Soldat durfte ohne Wache die Scheune verlassen. Der auf der Wache gestandene russ. Sergeant wurde zur Strafe seine Unaufmerksamkeit, mit mehreren 100 Hieben bestraft. Von Mitleid durchdrungen veranstalteten sämtliche Offiziers eine Kollekte von beinahe 5 Silber Rubel, eine um so bedeutendere Summe für diesen Mann, da der russ. gemeine Soldat jährlich nur 18 Rubel Papier haben soll und das Traktament eines Unteroffz. von denen des Gemeinen wohl wenig verschieden sein wird. Mancher russ. Soldat würde sich vielleicht um diesen Preis mit Freuden der erwähnten Strafe unterzogen haben.

Die gewöhnlich zu Regulierung der Einquartierung und Verpflegung vorausgehenden sächs. Offiziers blieben heute zurück, indem die nötigen Arrangements dieserhalb allein russ. Seits getroffen werden sollen.

Die unter den gestrigen Dato erwähnten Gemeinen von der 5ten Komp. wurden heute auf Befehl des Obersten v.Göphardt mit Fuchteln betraft.

Den 31ten Gouvernementsstadt Zytomirz am Tetterewfluss, 18 Werst von Trojanow. Unsere Eskorte adjustierte sich zum Einrücken daselbst aufs Beste. Da wir in dieser beträchtlichen Stadt wahrscheinlich einer anderen Eskorte übergeben werden, so näherten wir uns derselben mit ziemlich gespannter Erwartung. Um einen kürzeren Weg einzuschlagen, trennte sich die Wagenkolonne der Offiziers 2 Stunden von Zytomirz von der Fußkolonne und passierte hart vor der Stadt an einer seichten Stelle den Tetterew, während die meisten Offiziers nicht ohne Gefahr über ein im Fluss befindliches Wehr gingen.

Ehe wir in Zytormirz einquartiert wurden, blieben wir auf unseren Wagen sitzend eine geraume Zeit den neugierigen Blicken der Einwohner ausgesetzt, welche sich in größerer Menge um uns drängten und ihren Bemerkungen freien Lauf ließen. Da wir in unserer Nähe verschiedene alte Kirchen erblickten, erinnerten wir uns der eben nicht sehr erfreulichen Prophezeiung des Professors Seidel in Sitilka, wurden jedoch kurz hierauf in Bürgerhäuser einquartiert. Sämtliche Adjutanten erhielten ein sehr enges Stübchen bei einem Juden. Unsere Mannschaften, welche des nachmittags 3 Uhr mit möglichster Ordnung einrückten, wurden ebenfalls in der Stadt in mehreren Gehöften und Scheunen einquartiert. Man erlaubte denen Soldaten mit völliger Freiheit in der Stadt herum zu gehen. Der Oberst v.Reichel eröffnete uns, dass wir morgen an den Oberstleutn. v.Toll vom Dambowschen Infanterie Regt., welcher nebst einer Eskadron vom Dragoner Regt. Nagornitzky, nun unsere Eskorte bis Kiew ausmachen soll, übergeben würden.

Der Kapitän v.Gersdorf übernimmt von heute an die Besorgung der Verpflegung.

September 1812

Den 1ten Rasttag. Zur Übergabe mussten sich die Regimenter von früh 7 Uhr an bereithalten, sie fing jedoch erst um 10 Uhr an und dauerte, da jeder Mann einzeln verlesen wurde, bis Abends nach 6 Uhr.

Nach Beendigung derselben nahm der General v.Klengel Gelegenheit dem Oberst v.Reichel im Namen des versammelten Offizierskorps für sie gute Behandlung zu danken, die uns unter seiner Führung zu Teil wurde, worauf selbiger herzlich von uns Abschied nahm. Zugleich empfahlen wir uns dem Oberstleutn. v.Toll, unserem neuen Führer, welcher alles in seinen alten Verhältnissen zu belassen versprach, daher auch heute die Fasser und Quartiermacher wieder voraus gingen. v.Toll spricht nur sehr wenig deutsch und sein Äußeres ist etwas abstoßend.

Zytomirz ist eine lebhafte, ziemlich bevölkerte Kommerzial Stadt; die Garnison, zum Teil aus mehreren Depots bestehend, dürfte 500 Mann stark sein, wovon 2 Infant. Regt. und ein Kavallerie Detachement in dem durch den Tetterewfluss gebildeten sehr pittoresken Tale vor der Stadt biwakieren.

Ein großer Teil der Offiziers wurde heute zum Diner beim Gouverneur, Generalleutnant und Senateur Camburlai, eingeladen, wo wir mit vieler Achtung aufgenommen wurden. Unter mehreren Offiziers von Range lernten wir hier den Kommandanten der Garnison, General v.Sacken, einen sehr gebildeten humanen Mann, kennen. Vor dem sehr elegant möblierten Hotel des Gouverneurs erblickten wir die Überreste einer Illuminationsdekoration, welche vielleicht unsere Niederlage bei Kobryn gefeiert haben mochte.

Da die Krankheitsumstände des Leutn. Lecoq einen weiteren Transport durchaus nicht gestatteten, so wurde er hier zurück gelassen und der Aufsicht des hiesigen Gouvernementsarztes übergeben, welcher alles Mögliche zu seiner Herstellung anzuwenden versprach, jedoch, so wie unsere Regt. Chirurgen, wenig Hoffnung blicken ließ, da die Art und der Charakter der Krankheit, vermutlich jede ärztliche Bemühung fruchtlos machen und der Zustand des Patienten sich durch die bisherigen Fatiquen wohl sehr verschlimmert haben mochte.

Unter vielen Kirchen befindet sich hier ein evangelisches Bethaus. Drei polnische Edelleute fuhren heute in Begleitung einiger Polizeisoldaten von hier ab, um nach Sibirien transportiert zu werden.

Es scheint noch nicht bestimmt zu sein, ob wir in Kiew bleiben werden.

Den 2ten Die Aufbringung der nötigen Wagen verspätigte unsern Abmarsch von Zytomirz, welcher um 6 Uhr festgesetzt war, bis gegen 8 Uhr. Es war ein unfreundlicher, regnerigter Tag. Nicht ohne Rührung trennten wir uns von dem Obersten v.Reichel, der uns bis vor die Stadt begleitete. Unsere neue Eskorte war aufs properste adjustiert und scheint überhaupt eine weit bessere Haltung zu haben als das Bataillon Abscheronsky, die Art des Marsches blieb ganz die nämliche.

Wir kamen des Mittags im heutigen Nachtquartier, dem Dorfe Studenitza, 15 Werst von Zytomirz, an, wo die Stabsoffiziers auf mehrere Edelhöfe, die Adjutanten und übrigen Offiziers aber in einem dem Besitzer des Ortes, Grafen Olisar, gehörigen Landhause, worin eine hübsche Kapelle befindlich, einquartiert wurden. Die Mannschaften kamen in Scheunen.

Die mit 5 Türmen von progressiver Größe versehene Kirche dieses Orts bot einen neuen Anblick, da wir bisher nur Kirchen mit 3 Türmen gesehen hatten. Die Glocken hingen hier überall in einer besonderen hölzernen Vermachung neben der Kirche.

Die Brotverpflegung konnte heute bloß zur Hälfte aufgebracht werden.

Den 3ten Dorf Beresowku, 14 Werst von Studenitza. Es regnete den größten Teil des Weges hindurch.

Sämtliche Stabsoffiziers und Adjutanten sowie die Offiziers von Niesemeuschel lagen auf dem Edelhofe, welcher gleich dem anstoßenden Garten sehr verwildert war. Die Offiziers des Regt. okkupierten eine Scheune im Dorf. Zwei Stunden über Studenitza markierte eine pyramidenförmige steinerne Säule die Grenze zwischen Wolhynien und der Ukraine, welche wir nun betreten haben. Die Equipage des angeblich in der Affaire bei Horodetschka verwundeten General Kamenskoi, welcher nach Kiew sich begibt, passierte unsere Kolonne.

Den 4ten Städtchen Radomissl am Tetterewfluss, 16 Werst von Beresowka. Die Witterung war heute im Verhältnis der Jahreszeit ungewöhnlich rauh. Alles wurde in dem Ort selbst einquartiert, der schon unter die größeren zu rechnen ist. Das Terrain ist uneben und bergigt, die Umgebungen aber sind sehr angenehm. Die Adjutanten bezogen 2 sehr reinliche Stübchen bei einem wohlhabenden Juden.

Den 5ten Rasttag. Der seit Datino degradierte Korporal an 7te Komp. rückte wieder in seine vorige Charge ein. Es wurden einige Hemden ins Regt. gegeben. Wir erhielten hier Melonen zu äußerst wohlfeilen Preisen, 2 Stück waren für 1 Pietack zu bekommen.

Den 6ten Dorf Stowiszeze, 25 Werst von Radomissl. Beim heutigen Abmarsch passierten wir das Tetterewtal und mehrere Brücken. Weg und Witterung war gut, nur der Anblick mehrerer verlassener öder Dörfer machte keinen erfreulichen Eindruck auf uns. Das Regt. wurde zu 2 und 2 Komp. in Scheunen einquartiert. Die Stabsoffz. und Adjutanten kamen in mehrere Gartenhäuser in dem Park des Edelhofes, die übrigen Offiziers kamen ebenfalls in Scheunen.

Der Korporal Göpel 3te Komp. wurde als Oberkrankenwärter zum Hospital kommandiert.

Den 7ten Mittags nach dem Dorfe Milezyno, 27 Werst von Stowiszeze. Der Marsch war wegen des großen Staubes sehr unangenehm. Das Dorf ist sehr weitläufig, sodass die Kompanie mehrere Scheunen bekam. Sämtliche Adjutanten lagen sehr enge in der Wohnung des Popen. Der Adjutant des Obersten v.Reichel kam von Kiew zurückkehrend hier durch und versicherte, dass zu unserer Aufnahme daselbst bereits die besten Maßregeln getroffen wären und das wir vermutlich daselbst bleiben, die französischen und polnischen Kriegsgefangenen aber nach Tambow transportiert würden.

Den 8ten Rasttag. Der Besitzer des Orts, Graf Zymanowsky, gab für die Gefangenen 40 Hemden. Die Skabiös Kranken wurden, um die Ansteckung zu vermeiden, vom Regt. abgesondert und zusammen in besondere Scheunen gelegt, ihre Zahl beläuft sich beim Regt. auf 59 Mann.

Der General v.Klengel, Oberst v.Zezschwitz und Major Stünzner gingen nach dem 4 ½ Meilen entfernten Kiew voraus.

Die Anzahl der Toten im Lazarett mehrt sich seit Tagen beträchtlich, doch hat das Regiment bis jetzt nur 8, wovon 6 an Blessuren.

Verschärfter Befehl wegen Entwendung von Feldfrüchten.

Den 9ten Dorf Bjelogorodka, 23 Werst. Der Flus Herwyn, über welchen hier eine große hölzerne Brücke führt, macht die Grenze zwischen der Ukraine und dem alten Russland. Das jenseitige Ufer des Flusses wird von steilen Bergen begrenzt, auf welchen man noch Spuren von ehemaligen Verschanzungen wahrnimmt. Das Dorf liegt teils auf diesen Höhen, teils am diesseitigen Ufer in der Ebene. Das Unterkommen war heute für die Offiziers außerordentlich schlecht und enge; die Mannschaften lagen in Scheunen auf dem jenseitigen Ufer. Zum morgenden Einrücken in Kiew wurden von dem Oberstleutn. v.Toll keine besonderen Verfügungen getroffen; seitens des Regt. wurde dabei die größte Reinlichkeit und Ordnung, wie beim Einmarsch in Zytomirz, anbefohlen.

Trotz der vorgerückten Jahreszeit sieht man in den Feldern immer noch Leute, die mit Schneiden und Einfahren beschäftigt sind. Die Witterung war heute ungemein rauh.

Den 10ten Kiew am Einfluss des Desna in den Dnieper. Schon in der Entfernung von 9 Werst sahen wir die Türme dieser Stadt in bedeutender Anzahl hervorragen. Eine halbe Stunde vor derselben zieht sich der Weg in einer von hohen Bergen gebildeten Schlucht herab, an deren Ausgang sich das zerstörte Podole unseren Blicken darbot. Die Stadt wird in Alt-Kiew, Peizersek /: Oberstadt :/ und Podole /: Unterstadt :/ eingeteilt. In letztere, welche in der Ebene am Dnieper liegt und durch eine Feuersbrunst sehr gelitten hat, wurde das Korps einquartiert. Das Regt. Ulanen und Niesemeuschel bezogen ein Haus zusammen, das Rgt. König 10 nicht allzu große Stuben in einem andern Gebäude, wo die Mannschaften kaum nebeneinander stehen konnten. Das Hospital wurde nach Peizersek, eine gute ½ Stunde von Podole, in den Gebäuden des Klosters St. Nicolai einquartiert. Sämtliche Offiziers des Regt. bezogen die Zimmer eines der Kaserne gegenüberliegenden Hauses, wo das Unterkommen ebenfalls äußerst eng war. Die Offiziers des Regt. zogen in ein großes Zimmer zusammen.

In Ansehung der Freiheit wurden wir heute ziemlich eingeschränkt, jedoch ist denen Offiziers erlaubt in Podole frei herum zu gehen, doch dürfen dieselben nicht ohne besondere Erlaubnis nach Peizersek. Die hinter Peizersek gelegene Festung ist für uns ganz verschlossen. Sie soll mit 385 Stück Geschütz garniert sein. Die Mannschaften dürfen heute den Hof der Kaserne nicht verlassen. Zu unserer Aufnahme scheinen nur sehr wenige Anstalten getroffen worden zu sein, denn es fehlte an den nötigsten Bedürfnissen; Fleisch und Brot wurde nicht ausgegeben.

Sämtliche Gefangenen befinden sich unter Aufsicht eines Bataillons Infanterie vom Regt. Abscheronsky, wovon 1 Batl. unter dem Oberst v. Reichel unsere Eskorte bis Zytomirz ausmachte.

Aufenthalt in Kiew

Den 11ten Es wurde heute die gehörige Verpflegung von Fleisch und Brot an die Mannschaft ausgegeben.

Der Fahnjunker Bielitz, der sich gestern in einem Kaufmannsladen einen Diebstahl zu Schulden kommen ließ, wurde heute auf Befehl des Obersten v. Göphardt im Beisein sämtlicher Feldwebel mit 12 Fuchteln bestraft und für immer zum Musketier degradiert.

Den 12ten Früh 8 Uhr geschah die Übergabe der Gefangenen in Gegenwart des Kommandanten der Stadt, General v. Maass, welcher auch die Kasernen besuchte.

Oberstleutn. v.Toll, unser bisheriger Führer, nahm von uns Abschied. Die Offiziers erhielten das Versprechen, in Bürgerhäuser einquartiert zu werden. Die Quartiere wurden auch wirklich des Nachmittags unter Autorität einiger russ. Offiziere reguliert. Das Offizierskorps des Regt. erhielt 7 Quartiere angewiesen.

Während des Marsches von Kobryn nach Kiew hat das Regt. nur 8 Tote gehabt.

Den 13ten Die gestern angewiesenen Quartiere wurden heute von denen Offiziers bezogen. Zwei Stuben in der Kaserne des Regt., welche bisher vom Artillerie Detachement belegt waren, bezog die 4te und ein Teil der 7ten Komp., wodurch das Unterkommen etwas erweitert wurde.

Gem. Blass 6te Komp. starb gestern an Blessur im Hospital.

Den 14ten Sämtliche Stabsoffiziers dinierten bei dem Kommandanten, General v.Maass, die Hautboisten des Regt. musizierten bei selbigen.

Es verbreitet sich die Nachricht von einer ohnweit Moskau für die Franzosen verlorenen Schlacht.

Den 15ten Ein Transport Gefangener, bestehend aus dem Kapit. v.Krug und Leutn. v.Willissen nebst 44 Dragonern vom Regt. v.Polenz, 1 Korporal 13 Gemeine Ranzionierte vom Regt. Niesemeuschel und 6 Mann vom Regt. König, wovon sich 5 Mann ebenfalls ranzioniert hatten und 1 Mann bei dem am 3ten Septbr. In Zytomirz verstorbenen Leutn. Lecoq zurückgeblieben war, sowie mehrere Mannschaften von der leichten Infanterie, 2 von Prinz Friedrich, 1 von Anton, 1 von Low, welche letztere sämtlich dem Regt. König zur Verpflegung zugeteilt wurden, kamen des Nachmittags hier an. Die von Regt. Angekommenen so

1 Gemeiner Lehmann 1te Komp.
2 Feurig
3 Rüdiger
4 Ehrlich
5 Kretzschmar 1te alle 2te Komp.
6 Schlichter 7te Komp (bei Lecoq)

wovon Lehmann und Feurig sofort ins Hospital gebracht wurden. Überdies kamen mit diesem Transport noch einige gefangene Polen, Westphälinger und Österreicher an. Das Dragoner Detachement ist bei Pruzanny von leichter Kavallerie, namentlich Baschkiren, aufge-hoben worden.

Der Chirurgus Wobisch ist seit dem 12ten huj. bei der Brigade in Podole kommandiert.

Den 16ten General v.Maass besuchte die Kaserne und versprach weitläufigere Einquartierung. Die wiedererlangten Ranzionierten sind in besonderen Arrest und sollen täglich nur 3 Kopeken erhalten.

Auf Befehl des Obersten v.Göphardt wurden die Mannschaften visitiert und noch 42 Skabiöse gefunden. Korporal Strehle 8te Komp. und Gem. Nitzschke 1te Komp. starben im Hospital.

Den 17ten Die am 15ten huj. angekommenen 6 Mann vom Regt. sowie 11 Mann von anderen Regt, erhalten ihre Verpflegung beim Detachment des Leutn. v.Willissen. Gem. Lehmann 1te, 3te Komp. starb im Hospital.

Den 18ten Das Regt. Niesemeuschel bezog eine Kaserne in der Oberstadt Peizersek.

Den 19ten Das 1te Batl. des Regt. bezog die bisher von Niesemeuschel okkupiert gewesene Kaserne, wodurch das Unterkommen des 2ten Batl. ebenfalls erweitert wurde, obgleich zwei Stuben des vom 1ten Batl. geräumten Lokals durch eine Komp. Ulanen belegt wurden.

Die hinterlassenen Effekten des Sousleutn. Lecoq wurden früh 9 Uhr im Beisein des Major v.Wolframsdorf als Präsente versteigert und daraus die Summe von 14 Tl. 8 Gr. 3 Pf. gezogen, welche, da die Umstände die sofortige Bezahlung nicht gestatteten, von den Erstehern im Fall einer von der Armee ankommenden Unterstützung oder nach Zurückkunft in Sachsen bezahlt werden soll.

Die Brieftasche des Verstorbenen nebst 2 Ringen und ein mit Perlen durchwirkter Tabaksbeutel wurde zur Übergabe an seine hinterlassene Frau von dem Major v.Wolframsdorf zurückbehalten.

Der Sousleutn. v.Rechenberg kam rekonvalesziert aus dem Hospital. Gem. Träger 1te Komp. starb in selbigem.

Den 20ten Korporal Gödicke 6te Komp., welcher einen Gemeinen ins Gesicht geschlagen, ward auf Befehl des Obersten 2 Tage bei Wasser und Brot auf die russ. Wache gesetzt. Gem. Hoffmann 3te Komp. starb im Hospital.

Den 21ten Zum Behuf einer Anschaffung von Kleidungsstücken und Reparatur der Montierungen wurden die Komp. durchgesehen. Das Regt. bedarf 999 pr. Pantalons à 2 Ellen, 999 pr. Stiefeln, 173 Hemden, zur Reparatur 197 ½ Ellen weißes Montierungstuch, 23 ½ Ellen rotes zur Doublierung und 242 Ellen Futterleinwand inkl. des Bedarfs zu 17 Stück neuen Montierungen.

Es kamen heute mehrere Briefe aus Sachsen an.

Das Offizierskorps des Regiments König im Feldzug 1812 (ohne Grenadiere)

Oberst

Göphardt, Carl Leopold v.	20.10.1809

Majors

Wolfframsdorf, Moritz Wilhelm v.	27.05.1810
Bevilaqua, Friedrich August	27.09.1811

Adjutanten

Becker, Carl August, Pltn.	28.09.1810
Buna, Günther v.	09.01.1812

Regiments-Chirurg

Wehrmann, Friedrich Adolph	05.01.1810

Capitäns

Larisch, George Heinr. Benj. v.	15.11.1805 †
Brause, Carl Heinr. George v.	03.02.1807
Bernewitz, Friede. Wilh. v.	21.03.1809 †
Bauern, Hanns Aug. Bauer v.	18.08.1809
Bünau, Günther v.	10.08.1810
Ottenfeld, Johann Friedr. v.	28.07.1811
Gersdorff, Adolph Heinr. v.	26.09.1811

Premierleutnants

Kloppmann, Carl Gustav v.	18.10.1809
Planitz (1te), Carl Julius Edler v.d.	19.10.1809
Röder, Friedrich Heinrich v.	28.09.1810

Hille, Friedrich Wilhelm	19.07.1811
Planitz (2te), Carl Alex. Edler v.d.	26.09.1811
Reibold, Carl Friedrich v.	18.07.1812

Sousleutnants

Reibold, Carl Friedrich v.	21.03.1809
Rockhausen, Moritz Ferd. G. v.	20.08.1809
Craushaar, Jukius Christian v.	16.10.1809
Allmer, Paul Ludwig Salomon	22.10.1809
Lecoq, Friedrich Wilhelm	21.01.1810 †
Rechenberg, Herrm. Albert Fhr.v.	22.02.1810
Bünau, Günther v.	02.03.1810
Zeschau, Anton Wilhelm v.	26.03.1810
Schlegel, Adolph George H. v.	01.04.1810
Reibold, Heinrich August v.	09.04.1810
Rohrscheid, Friedrich Moritz v.	23.04.1810
Tod, Johann Friedrich	20.07.1811
Neitschütz, Hanns Wolf v.	26.09.1811
Linsingen, Carl Gustav Otto v.	08.01.1812
Lischke, Johann August	09.01.1812
Kospoth, Carl Heinr. Glieb v.	23.03.1812

† während des Feldzug verstorben

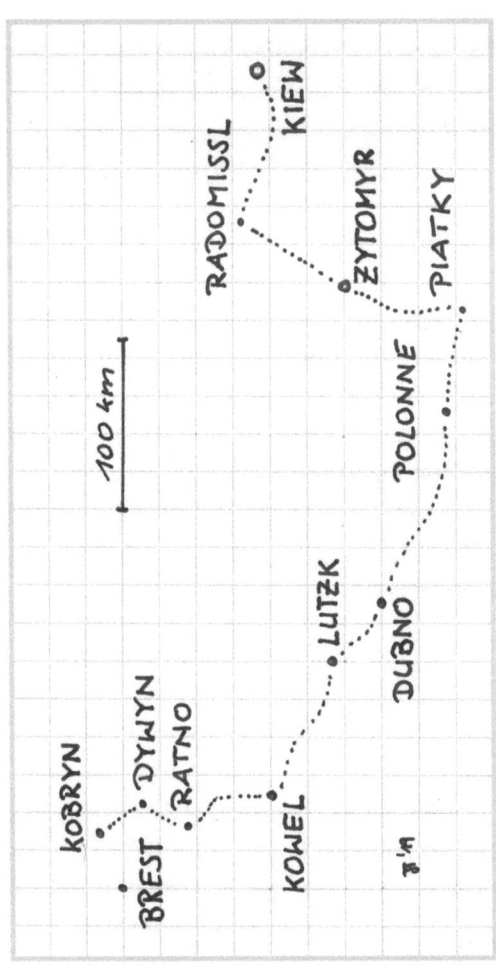

Abb. 02   Marschroute von Kobryn nach Kiew
(Hrsg.)

In dieser Reihe sind an Memoiren, Berichten etc. zum Feldzug von 1812 bei BOD erschienen:

No.19 1812 – Die Sachsen in Russland / Der Feldzug des VII. Armee-Korps in den Tagesbefehlen des Generalstabes und der Intendanz

No.21 Das Tagebuch von Ernst Ferdinand Aster 1812

No.22 Das Tagebuch von Friedrich Ernst Aster 1812

No.37 Die Tagebücher von Johann Carl von Dallwitz (1812 – 1815) und Adolf George von Göphardt (1813)

No.40 Friedrich Vollborn – Erlebtes (I+II) vom 16.04.1808 bis mit 27.03.1813

No.42 Die sächs. Chevauxlegers-Regimenter (I) – Schriftstücke zum Feldzug 1812

No.43 August Friedrich Wilhelm von Leysser - Das Tagebuch des Kommandeurs der Garde du Corps 1812

No.45 Carl Ferdinand Böhme Tagebuch 21.06. – 09.11.1812

No.46 Carl Ferdinand Böhme Tagebuch 10.11.1812 – 11.05.1813

No.57 Journale, Tagebücher, Befehle (I): Johann Adolph von Zezschwitz 17.07. – 27.07.1812 / Heinrich Christian von Klengel 30.07.1812 - 28.02.1813

No.58 Carl August Becker: Tagebuch 28.03.1812 - 21.09.1812

No.59 Heinrich Carl Ferdinand Friedrich von Hausen: Tagebuch und Briefe 01.01.1812 – 02.02.1814